Radio Equon

Michael Leibundgut

Radio Equon

Sendungen aus dem Goldenen Licht

ch. falk verlag

Originalausgabe

Umschlaggestaltung: Dirk Gräßle, München
Satz: P S Design, Lindenfels
Druck: Druckerei Sonnenschein, Hersbruck

Printed in Germany
ISBN 978-3-89568-241-4

Inhalt

Über Equon

You turn me on, I'm a radio
Joni Mitchell "You turn me on, I'm a radio"

Equon ist ein sogenannter „aufgestiegener Meister", das heißt, eine Seele, die als Mensch inkarniert war und dann frei wurde vom Verkörperungskreislauf auf diesem Planeten. Er selbst mag die Bezeichnung nicht so gerne und weist den Begriff „Meister" gerne von sich – aus Bescheidenheit. Ich jedoch sage ihm immer, dass es ein guter Ausgangspunkt ist, um zu erklären, wer er ist. Equon verbrachte sein letztes Erdenleben im 16. Jahrhundert im Burgund und hält sich seit seinem Tod in der geistigen Welt auf, und zwar auf der Ebene des goldenen Lichtes der Plejaden oder der bedingungslosen Liebe. Das goldene Licht ist eine Dimension, in der sich viele Wesen unterschiedlicher Herkunft zusammenfinden. Ihnen allen ist gemeinsam, dass sie eingesehen haben, dass es nur möglich ist, uns beizustehen und ihr eigenes Seelenwachstum voranzutreiben, indem sie unseren freien Willen nicht beeinträchtigen oder mutwillig beeinflussen. Ganz im Gegensatz zu vielen Wesen aus dem weißen Licht, die dies seit geraumer Zeit tun und auf diese Weise die letzte Phase der Erdentwicklung deutlich geprägt haben.

Das weiße Licht beheimatet viele Wesen, die zwar eine sehr hohe Geistigkeit erlangt haben, und damit verbunden, eine sehr hohe Macht, doch im Unterschied zum goldenen Licht keine der hohen Geistigkeit entsprechende Liebesfähigkeit. Man könnte sagen, dass das weiße Licht über eine Form von Ego verfügt, welches noch nicht transzendiert wurde. Und so bemüht sich Equon als Vertreter des goldenen Lichtes darum, uns aufzuzeigen, wo wir unfrei sind und weshalb. Er bietet sich an, uns Werkzeuge zu vermitteln, wie wir unsere eigene Freiheit immer mehr erlangen können. Er tut dies nicht aus einem persönlichen Interesse. Es geht vielmehr darum, uns eine Hilfestellung zu bieten in diesen Zeiten des großen Umbruchs und der Bewusstseinsveränderung auf diesem Planeten. Er tut dies nur, wenn wir es wünschen und darum bitten. Würde er unsere Entwicklung willentlich beeinflussen, so würde er sein eigenes Wachstum hemmen, da die Verletzung des freien Willens eine Manipulation darstellt. Und so ist er dann auch diskret, aber nachhaltig in mein Leben getreten und hat geduldig sein Angebot für eine Zusammenarbeit deutlich gemacht, ohne sich aufzudrängen. Ich hatte immer den freien Willen, sein Angebot anzunehmen oder nicht.

Der direkte telepathische Kontakt mit einem Wesen aus einer höheren Hierarchie ist ein unvorstellbares Geschenk. Ich erlebe es immer als große Gnade, und es stellt in keinerlei Hinsicht eine Belastung dar. Dieses unmittelbare Erleben der Tatsache, dass Information im Universum frei zugänglich ist, wenn wir uns anderen Realitäten öffnen, ist eine unvorstellbare Bewusstseinserweiterung. Es zieht ein tiefer Friede ein. Meine Zusammenarbeit mit Equon hat mich nicht weltfremd gemacht, im Gegenteil. Seine Erklärungen und Gedanken haben mir geholfen, mich vollkommen neu auf diesen Planeten einzulassen, von dem ich immer gespürt habe, dass er mir irgendwie seltsam fremd ist.

Equon ist ein Meister der Kommunikation, das heißt, er arbeitet auf unterschiedlichen Ebenen mit mir. Die zentralste Form ist die direkte telepathische Kommunikation, doch pflegt er auch gerne das Schreiben. Nachdem das automatische Schreiben die letzten Jahre wenig Raum einnahm, klopfte im Oktober 2011 plötzlich dieses Buch-Projekt an. Und so entstanden die vorliegenden Texte zwischen Oktober 2011 und Januar 2012. Sie sollen uns begleiten auf dem Übertritt in die 2012-Energie. Equon ist außerordentlich humorvoll und geistreich. Vielleicht ist sein Schreibstil, der zwischen etwas barocker Üppigkeit und einer charmanten Rotzigkeit pendelt, für manchen Leser zunächst etwas ungewohnt. Aber es geht ihm darum, uns für die Unbeschwertheit und die Leichtigkeit höherer Sphären zu öffnen. Er hat sehr viel Mitgefühl für unsere Erderfahrungen, die er ja teilt. Er kennt die „Tücken des Planeten“ – wie er es jeweils nennt – und weiß, wie schwer gewisse Erfahrungen wiegen können. Denn er hat sie selbst auch erlebt. Das Buch soll uns helfen, unsere alltäglichen Situationen, unser Leben, besser begreiflich zu machen und uns auch einen Einblick zu verschaffen in unsere kosmische Positionierung, als Seele und als Planet. Er verwendet oft die Formulierung „wir“ anstelle von „ich“. Dies ist einerseits Ausdruck seiner Bescheidenheit (also eine Zurücknahme seiner selbst und nicht ein Pluralis Majestatis), sowie auch der Tatsache, dass er eine große Anzahl der Inhalte im Namen eines plejadischen Kollektives ausspricht.

Jedem Kapitel ist ein Zitat aus einem Pop-Song vorangestellt, und es ist dies einerseits eine kleine Hommage an mich, da Musik und gerade auch Pop-Musik einen riesigen Stellenwert in meinem Leben einnimmt. Zudem möchte er damit auch darauf hinweisen, dass wir Information in allem und überall finden, wenn wir wach sind, und dass es nichts Geistliches, Weltliches oder Spirituelles gibt oder Nicht-Spirituelles. Die Dinge sind dann von Bedeutung, wenn sie zu uns sprechen, und dies sollten wir ernst nehmen. Und diese Song-Zitate führen uns auch zum Titel des Buches: Während des ganzen Schreibprozesses war ich – neugierig wie ich bin – immer sehr gespannt auf dessen Titel. Und als das Buch dann fertig war und kein Titel in Sicht schien, machte sich meine Ungeduld deutlich bemerkbar. Equon ließ mich ein bisschen zappeln (ich glaube ja, die höheren Hierarchien finden uns manchmal etwas putzig in unserer Menschlichkeit) und enthüllte dann den Titel wie eine Statue. Ich muss gestehen, dass ich den Titel liebe. Er zeigt Equons Fähigkeit, mit einem einfachen Begriff mehrere Dinge auszudrücken, sehr schön. Das Buch ist eine Abfolge von Texten mit Musik dazwischen, also eigentlich ein Radio-Programm. Und ich, der Kanal, der dieses Programm empfängt, bin ein Radio-Empfänger, der auf die Frequenz von Equon, der Sendestation, eingestellt ist. Radio Equon möchte informieren und unterhalten und einen Eindruck der kosmischen Leichtigkeit vermitteln, die jetzt auf unseren Planeten kommt.

www.equon.info

What if the world was crazy and I was sane
Would it be so strange
I can't believe that I am alone in saying
The things I'm saying
I am part of you
These are universal truths
We're all part of the light that flows through everything

Cher „Different kind of love song"

Ein bisschen Geschichte

My head is stuck on something precious
Let me know if you're coming down to land
Is there anybody out there trying to get through?
My eyes are so cloudy I can't see you
Look now, look all around, there's no sign of life
Voices, another sound, can you hear me now?
This is planet Earth you're looking at planet Earth

Duran Duran „Planet Earth"

Nun, meine Lieben, da wir also beschlossen haben, auf einige Themen einzugehen, welche uns und euch zurzeit am Herzen liegen, müssen wir vielleicht als Ausgangspunkt klären, wo wir sind und weshalb wir hier sind. Der Planet Erde ist nicht ein zufälliges Produkt, das irgendeiner zufälligen Laune entsprungen ist, o nein! Viele, viele haben mit hoher Absicht bei diesem großen Plan mitgewirkt. Stellt es euch ein bisschen vor wie ein wissenschaftliches Experiment. Ihr seid nicht zufällig hier und blickt einem Schicksal entgegen, welches euch einfach findet. Oh, nein. Ihr seid hier, weil ihr *hier sein wollt* und eure Seelen dies beschlossen haben. Das Leben, welches ihr lebt, hat mit euch und nur mit euch zu tun. Eure Seele erschafft sich die perfekte Lern- und Übungssituation, um sich weiterzuentwickeln. Es ist dies für viele von euch schwer annehmbar, und es ist dies auch kein Makel. Aber es ist nun einmal eine Tatsache. Und wenn jeder versucht, dies für sich anzunehmen, schlüsseln sich uns viele Dinge auf, und wir können ein Leben in Freiheit und Erfüllung führen. So lasst uns der Reihe nach anfangen.

Diese Erde wurde als Spielfeld oder Tummelplatz für neugierige und wissbegierige Seelen erschaffen, welche ihren Ursprung in allerlei Gefilden in den Weiten des Universums haben. Seht ihr, jede Stufe strebt nach Entwicklung, nach Verfeinerung und in letzter Konsequenz nach Vervollkommnung. Ihr findet dieses Prinzip in euren Wasserkreisläufen. Jeder Regentropfen gräbt sich einen Jahrhunderte langen Weg durch Gesteinsschichten und Berge, um ganz am Schluss wieder ins Meer zu fließen, in das große Ganze, aus dem er einmal aufgestiegen ist. Und so ist dies auch mit euch! Es ist mit uns allen so, egal, auf welcher Stufe wir uns befinden. Eines der wenigen Dinge, die wirklich unumstößlich klar sind, ist, dass wir alle, aber wirklich alle, Ausdruck eines einzigen Ursprungs sind. Ein großes Ganzes, das zerborsten ist und sich nun teilt, sich mitteilt und verteilt. Wie sollte Bewusstsein zufällig entstehen? Ehrt ihr eure Schönheit und eure Fähigkeiten so wenig, dass ihr wirklich denkt, ihr seid Zufallsprodukte? Also, da muss ich wirklich mit euch reden! (lacht) Wir wissen vieles nicht, genau wie ihr. Es ist auch nicht nötig, alles zu wissen. Es ist wichtig, neugierig zu sein, zu suchen und zu lernen! Weshalb sammelt man Beeren oder Pilze? Weil es aufregend und stimulierend ist! Wenn ihr die Früchte dann gefunden habt, dann ist der

Spaß vorbei und es kommt ein neuer! Aber diese Lust auf Neues ist es, was uns alle ewig vorantreibt – die Freude, ein Teil eines großen Ganzen zu sein, frei und doch aufgehoben. Wie ein Kind, das in einer sehr glücklichen Familie aufwächst und weiß, dass es leben und es selbst sein darf und Schutz und Fürsorge erfährt. Nun, im Rahmen unserer freien Selbstentfaltung gab es vor langer, langer, langer Zeit eine Gruppe von Seelen, für die es anstand, sich auf eine neue Ebene emporzuarbeiten – in eine neue Hierarchie aufzusteigen, wie man dies so schön nennt. Ihr seid alle viel, viel älter als dieser Planet, auf dem ihr euch befindet. So wie ihr als Seele eure Verkörperungen habt, so hat die Planetenseele die ihren. Und hier entsteht ein erster Bezug zwischen uns Seelen, die wir uns hier verkörpert haben, und dem Wesen, das sich als Planet Erde manifestiert. Seelen, die ihren Sprung in die nächste Schublade vorbereiten, tun sich also mit einem Planetenwesen zusammen, welches dieselben Absichten hegt. Es gibt ein gemeinsames Interesse, eine Resonanz. Das Wesen Planet, ich werde es der Einfachheit halber Gaia nennen, stellte sich euch zur Verfügung, eine Heimat für dieses gigantische Projekt zu sein. Gaia war sich absolut im Klaren darüber, was auf sie zukommt. So wie es euch bewusst ist, was auf euch zukommen kann oder wird, bevor ihr auf die Erde zu einer neuen Verkörperung hinabsteigt. Und so wie es für euch, wenn es dann eintrifft, nicht immer einfach ist, so ist es dies auch für die Erde nicht. Aber ihr seid aus einer freien Entscheidung hier und verdient nicht Mitleid, sondern Mitgefühl. Dies ist ein großer Unterschied, nicht wahr, meine Lieben? Das Projekt „Planet Earth“ hat eine große Begeisterung und freudige Aufregung in weiten Teilen des Universums ausgelöst – ähnlich der Erwartung eines Kindes. Viele Wesen arbeiteten sehr lange an dieser Planung mit. So wie ein Haus konzipiert und geplant wird, feilten viele, sehr hohe Geistwesen ein Konzept aus. Viele kosmische Völker setzten sich gemeinsam an einen Tisch und berieten, wie es denn zu tun sei. Über vieles war man sich einig, über anderes wiederum nicht. Ihr kennt das ja sehr gut. Man schloss Kompromisse, über welche manche glücklich waren, andere nicht. Schließlich war es dann eines Tages soweit, dass man das Schiff vom Stapel lassen konnte. Die Erde konnte ihre erste Form annehmen, die im Vergleich zu ihrer heutigen nur wie ein Nebel oder wie eine dünne Haut war. Ihr habt dann mal eine Zehe in die Stofflichkeit gesteckt, um zu sehen, wie es sich denn anfühlen könnte. Dies war für euch furchtbar aufregend! Etwa so, wie wenn man sich für eine Party mit Freunden verkleidet. Ihr begabt euch freiwillig in einen Zustand, den ihr überhaupt nicht kanntet. Ihr habt es gewagt. Und so gab es diesen ersten feinen Planetenzustand, in dem ihr und Gaia eure erste Annäherung an die Stofflichkeit machtet. Viele hielten euch für komplett verrückt. Aber ihr seid Abenteurer, und eure hungrige und lustige Seele brauchte es. Ihr hattet ein unendliches Urvertrauen zum ganzen Universum und zu euch selbst. Es war dies die Phase der Kultivierung. Ihr halft Gaia, ihre neue Form zu finden. Ihr wirktet im Ätherischen am und um den Planeten. Dies ermöglichte es euch dann, in einer nächsten Stufe direkt auf dem Planeten zu leben. In dieser ersten Etappe habt ihr einen wichtigen Grundstein für euren späteren stofflichen Körper gelegt. Ihr habt euch quasi aus dem Ätherischen in die Stofflichkeit hineingewoben. Es ist dies eine unglaubliche Leistung! Euer Pioniergeist brachte euch viel Bewunderung ein, weil ihr aus Liebe und Mitgefühl etwas vollkommen Neues geschaffen habt. Ihr habt das Universum bereichert. Nicht alle Seelen, die sich dann in der Folge auf dem Planeten einfanden, waren an dieser ersten Phase beteiligt. Es war dies eine erste Gruppe, und zwar diejenige, die man heute als alte Seelen bezeichnet. Sie werden so genannt, weil sie bei diesem Projekt schon am längsten dabei sind und den Planeten von „klein auf" kennen. Die alten Seelen wussten einfach besser, was zu tun war und wie der Hase läuft. Es gab auch ein spezielles Auswahlverfahren für diese erste Gruppe der „Kultivierer", wie wir sie gerne nennen möchten. Jede kosmische Spezies, die an dem Projekt beteiligt war, wählte ihre Spezialisten aus, die an diesem Projekt teilnahmen. Nachdem die Erde dann in ihren grundlegenden Strukturen eingerichtet war, war es für eine weitere Gruppe von Seelen möglich, auf den Planeten hinunterzusteigen. In dieser Zeit war die Erde noch weit entfernt von einer Stofflichkeit im heutigen Sinne. Noch immer wurde Gaia in ihrer Energie langsam heruntergebeamt. Ihr müsst es euch wie einen Kreisel vorstellen, der sich anfangs ganz schnell dreht und dann immer weiter verlangsamt. Auch zu Beginn der zweiten Phase fand diese Verlangsamung noch statt. Dies war die

Etappe der Bebauung und der Bepflanzung. Und es ist auch jene Zeit, in der die Urseelen hinzukamen, welche uns heute als Pflanzen und Tiere begleiten. Sie folgen einem anderen Entwicklungsplan, der nicht ganz einfach zu erklären ist. Vielmehr ist es aber wichtig zu verstehen, dass sie uns mit großer Aufmerksamkeit und viel Mitgefühl unterstützen. Sie passen quasi auf uns auf. Sie helfen, den Planeten in seiner Stofflichkeit zu stabilisieren. Jede Tier- und Pflanzenart entspricht einer Schwingung und einer Kraft, die zum Erhalt der Erde notwendig ist. Sie sind also nicht Individualseelen, sondern vertreten ein Prinzip als eine Art Gruppenseele. Ohne sie geht hier gar nichts! Sie sind eigentlich eure Wärter, die euch betreuen und gucken, dass der Laden ordentlich läuft. Und ihr habt immer gedacht, es wäre umgekehrt! (lacht) Es entstand also auf der jungen Erde, wie ich sie gerne nennen möchte, ein neues Miteinander von der ersten Seelengruppe, der zweiten und den Pflanzen wie Tieren in ihrem energetischen Urzustand. Diese Phase dauerte sehr, sehr lange – Äonen, für eure heutigen Begriffe. Aber die Zeit war noch vollkommen anders gestaltet. Es war noch ein grundsätzlich gleitender, schwebender Zustand, der sehr allmählich eine Richtung bekam. Wie ein stilles Gewässer, das sehr langsam, aber sicher zu fließen beginnt. Je mehr sich der Kreisel verlangsamte, umso mehr rutschte der Planet in das hinein, was wir die lineare Zeit nennen. Ihr seid da nicht einfach hineingeplumpst. O nein, es dauerte ewig, euch in diesen Zustand hineinzuführen. Und so kam die Erde ab diesem Zeitpunkt in einen schon etwas dichteren Zeitfluss, und immer mehr neue Seelen setzten zum ersten Mal einen stofflichen Fuß auf diesen Planeten. Na, die erschraken sich vielleicht zu Beginn! Sie waren ja nicht von Anfang an dabei gewesen, und die Erde war wirklich fremd für sie. Die Tücken der Stofflichkeit, die mit dem zunehmenden Fluss und der Dichte der Zeit auch zunahmen, zeigten langsam ihre Wirkung. Das Spiel kam ins Rollen. Aber seid euch bewusst, dass es Dinge, wie stoffliche Ernährung, in dieser Phase immer noch nicht gab. Eine Form von körperlicher Geburt wurde langsam für bestimmte Wesen nötig, welche die stoffliche Materie nicht alleine manifestieren konnten. Bisher hatte sich ein Wesen über sein Bewusstsein hinunter in dichtere Schwingung transformiert. Dies war möglich, da die alten Seelen als Spezialisten über diese Technik verfügten, und die Erdschwingung noch leicht war. Doch nun wurde diese immer dichter. Das direkte Aufbauen von Materie über Schwingungsverdichtung wurde zunehmend schwieriger, vor allem für die Seelen, welche nicht über das technische Know-how verfügten. Es wurde also unumgänglich, dass jemand auf dem Planeten für euch Materie aufbaute, die ihr benutzen konntet. Und es tat dies eine Seele, die euch sehr nahestand. Es ist ein Liebesdienst: Man holt sich jemanden her, der einem nahesteht und den man gerne hier haben möchte. Zum ersten Mal bauten also Mütter einen dichten Körper auf und stellten ihn dann einem Wesen zur Verfügung. Ich weiß, es klingt dies für euch sehr abgefahren! Und das war es ja auch! Aber ihr müsst euch auch im Klaren sein, dass all diese

Dinge, die ihr hier habt und praktiziert, nicht vom Himmel gefallen sind, sondern man alle diese Wunder für euch einrichten musste (lacht)! In dieser Zeit gab es also Menschenwesen, die sich direkt in die Schwingung beamten, und solche, die sich in einem Mutterkörper manifestierten. Entsprechend war der Tod in dieser Zeit auch flexibel. So gaben die einen bewusst dann auf, wann sie es wollten. Die andere Gruppe der Seelen hätte dies zwar auch gekonnt, aber die engere Verbindung mit dem Körper machte es ihr schwieriger. Der Mensch war dabei, immer mehr in seine körperliche Abhängigkeit hineinzuwachsen. In dieser Phase des Abschwingens des Kreisels machten sich die jüngeren Seelen langsam mit dem Planeten vertraut. Doch mit der Zeit fühlten sich die Kultivierer langsam etwas unwohl, weil das nicht mehr „ihre" alte Erde war. Gaia fühlte sich etwas schwer und eng an. Die „Ich beam mich mal runter"-Geburt musste aus technischen Gründen eingestellt werden. Es ging jetzt nur noch durch einen Mutterleib. Und so kam eine große neue Seelengruppe, die „mittlere Gruppe", hinzu. Wie in einem Holiday Resort, welches fertig eingerichtet und auf seine Funktionstüchtigkeit überprüft worden war, ließ man nun die Gäste zu. Und so ging das große Gewimmel los. Es bildeten sich verschiedene Kulturen in unterschiedlichen Gebieten – der Grundstein für die Bevölkerung war gelegt. Es war dies eine sehr bunte und abenteuerliche Etappe des Planeten. Sie ist vielleicht am besten mit einer wilden, ausgelassenen Party vergleichbar, auf der man einfach mal alles, was geht, ausprobiert. Aus diesen

Erfahrungen heraus bildeten sich in dieser Phase der freien Selbstsuche immer mehr neue Kulturen und Volksgruppen, während sich der Frequenzkreisel immer weiter nach unten bewegte. Mit seinem Abbremsen nahm das Gefühl von Enge und Dichte fortlaufend zu, aber noch waren Gaia und ihre Bewohner nicht am stofflichsten Punkt angekommen! Der Bericht über diese ganze Phase, die eine der längsten auf eurem Planeten war und die ihr heute gar nicht mehr kennt oder nur in Ansätzen, würde ganze kosmische Bibliotheken füllen. In diesem Entwicklungsstadium konntet ihr Erfahrungen sammeln und euch entwickeln. Ihr wurdet immer von großen Teilen des Universums beobachtet, die auch ab und zu mal einen kleinen Beitrag leisteten und das Steuer leicht antippten, um euch auf Kurs zu halten. Doch dies geschah stets nur leicht und dezent. Es gab keine wirkliche Einmischung von außen. Die Party blieb noch eine Weile ungestört im Gange, doch das sollte sich ändern. Denn während dieser Party wurde der Festsaal von euch komplett ruiniert, und man musste „Tabula rasa“ machen. Der große Vorhang wurde gezogen, die Vorstellung unterbrochen.

Das Risiko, das so etwas geschehen könnte, war von Anfang an einkalkuliert. Und nun stand es halt vor der Tür. Da die Erde nun an ihrem dichtesten schwingenden Punkt angekommen war, befand sie sich in einem Resonanzbereich einer sehr niederfrequenten Schwingung, welche von Wesen bewohnt wird, mit denen wir – höflich ausgedrückt – weder Tisch noch Bett teilen möchten.

Der Kosmische Rat, der sich um das Projekt Erde kümmert, sah sich nun gezwungen, bestimmte Spezies mitreden zu lassen, die er gar nicht am Runden Tisch haben wollte. Doch auch hier galt und gilt heute noch: Jeder ist für die Konsequenzen seines Handelns verantwortlich. Und da man die Erde nun mal auf diese tiefe Schwingung hinuntergebeamt hatte, musste man sich mit den angrenzenden Schwingungsgebieten auseinandersetzen. Doch nun war Schluss mit lustig. Die Neuen hatten dummerweise ein gewichtiges Wörtchen mitzureden, und einige Ideen zu dem, was sie mit euch vorhatten, ließen dem Kosmischen Rat das Blut in den Adern gefrieren. Doch es gab keine andere Möglichkeit, als sie mitbestimmen zu lassen. Der Rat musste versuchen, mit Gegenmaßnahmen das Schlimmste zu verhindern und so gut wie möglich entgegenzuwirken. Dies hatte vor allem eine entscheidende Einwirkung zur Folge: Im darauf folgenden Erdabschnitt strömten viele entwicklungshungrige Seelen aus einer niederfrequenten Dimension auf die Erde ein, was den „Neuen" natürlich zusätzliches Gewicht und Terrain verschaffte. „Oh, Kacke!", dachten da ganz viele im Kosmischen Rat. Diese Vorkommnisse komplizierten das Spiel immens. Aber es ist seit jeher so: Je schwerer eine Aufgabe, desto größer ist der Lerneffekt, wenn man sie knackt.

Die neue äußere Spielsituation sah nun so aus, dass die Erde für die Neuankömmlinge ein unwirtlicher Ort geworden war und sie nicht freundlich willkommen geheißen wurden. Sie mussten sich ihren Platz erkämpfen.

Und das Schlimmste dabei war, dass die Neuen darauf bestanden, dass eine ihrer Gen-Sequenzen, wie ihr das nennen würdet, in die neuen Körper eingespeist wurden. Dies war sehr perfid, weil sie wussten, dass sich dadurch die alten Seelen unmöglich in diesen Körpern manifestieren konnten. Diese Gen-Sequenzen wirkten also wie eine installierte Frequenzplombe, um hohe Schwingungen auszubremsen. Gerade in dieser Phase wäre die Anwesenheit der Alten natürlich sehr, sehr hilfreich gewesen. Und was dann folgte, war für den Großteil des Kosmischen Rates ein Trauerspiel und zum Heulen. Wir reden hier von eurer Zeit als Urmenschen und Höhlenbewohner, von der ihr denkt, sie wäre eure sogenannte frühkindliche Phase. Aber der Kosmische Rat ist ja zum Glück nicht auf den Kopf gefallen. Man ließ sich hübsche Ideen einfallen, um die Frequenz langsam, und ich meine wirklich laaaaaangsaaaaam, nach oben zu korrigieren. Man tat dies vor allem, indem man einige wirklich sehr potente und weit entwickelte Wesen für das Projekt gewinnen konnte. Sie halfen mit, den Frequenzregler mit verschiedenen Maßnahmen langsam nach oben zu drehen, und sie tun dies heute noch. Ich sage euch, diese letzten 50 000 Jahre waren eine wild entbrannte Schlacht um diesen Planeten! Ihr denkt, das sei normal! Aber ihr kennt euch und die Erde eigentlich nur im konstanten Ausnahmezustand. Der Zeitabschnitt, dessen ihr euch bewusst seid, stellt lediglich die Spitze einer kosmischen Eskalation dar, in der alles aus den Fugen geraten ist. Bitte macht euch Folgendes bewusst: Ihr erinnert euch nur an Kriege und denkt, das sei der Normalzustand. Es ist wichtig, euer Bewusstsein für eure wahre Herkunft zu öffnen und euch selbst wieder anzunehmen und zu sehen, wer ihr wirklich seid. Die ganze Situation, in der sich der Planet jetzt befindet, ist eine der bedeutendsten in seiner Entwicklung. Wenn ihr es dramatisch haben wollt: Es ist eine Entscheidungsschlacht. Man tut von oben das Möglichste. Der Kosmische Rat hat ja seine Verantwortlichkeit in der Sache. Aber wir würden schon gerne ein paar von euch als Mitstreiter gewinnen.

So, jetzt habe ich euch, glaub' ich, etwas Feuer unterm Hintern gemacht. Aber dies ist manchmal nötig, nicht wahr, meine Lieben! Der Kosmische Rat hat ja aber auch immer seine Undercover-Agenten hier, also kein Grund zur Sorge.

Der Zeit-Strumpf

This could be the best place yet
But you must overcome your fears
Culture Club „Time"

Ich möchte zunächst voranstellen, dass das Konzept der linearen Zeit etwas vom Unbarmherzigsten und Extremsten ist, was man sich als Schulungs- und Lernkonzept für diesen Planeten hat einfallen lassen. Nicht wenige Wesenheiten, die an der Planung und Konzeption des Schulungsplaneten Erde beteiligt waren, vertraten die Ansicht, dass dies einen Schritt zu weit gehe und es zu grob und herb sei. In der Tat ist die lineare Zeit etwa so, wie wenn ihr mit einer Metallkette gefesselt in einem Safe eingesperrt wärt, wenn wir dies von unserer Warte aus beobachten. Die lineare Zeit gehört zu den absolut extremsten und krassesten Erfahrungen, die man machen kann. Eine Seele begibt sich freiwillig auf einen klitzekleinen Raum. Sie versucht dabei, einen klaren Kopf zu bewahren und nicht wahnsinnig zu werden, was dann allen ab und zu doch mal passiert. Es ist wohl nicht zu vermeiden, nicht wahr, meine Lieben. Stellt euch vor, ihr bewegt euch in einem Raum, auf einer Straße oder auf einem Feld, und ihr könnt nur geradeaus gehen, absolut nichts anderes ist möglich. Es sind nur die Dinge erreichbar, die auf einer

Linie geradeaus liegen. Der Eisverkäufer links an der Ecke ist nur in den kühnsten Träumen erreichbar, die liebe Freundin, die rechts an der Seite auf uns wartet, ebenso. So verbringt ihr euer Leben. Es ist ein Seil vor euch aufgespannt, über das ihr geht. Viele Dinge, die um euch herum da sind, Erinnerungen und höheres Wissen der Seele, können zwar gefühlt, aber nicht direkt angegangen werden, weil der Tunnel „Zeit" eine unerbittliche Richtung vorgibt. Diese Einschränkung ist ganz exorbitant, man fand aber, dass sie als Schulungskonzept für die Seele eine sehr große Verfeinerungsmöglichkeit bietet, und so wurde es dann beschlossen. Und doch ist die Zeit nicht immer absolut die gleiche in ihrer Beschaffenheit. Nachdem die Zeit Zehntausende von Jahren ein sehr, sehr enger Tunnel oder Strumpf war, so hat sie sich in den letzten 2000 Jahren deutlich verändert. Im Moment sind wir gerade mitten drin. Der „Zeit-Strumpf" bekommt eine Laufmasche nach der anderen, und das ist furchtbar aufregend – vor allem für uns alle hier. Es ist wie eine Blume, die dabei ist aufzugehen. Wir alle sind sehr gespannt, wie ihr, die Menschheit, mit diesem neuen Raum, mit diesen Möglichkeiten, die jetzt frei werden, umgeht.

Der „Zeit-Strumpf" ist eine sehr, sehr dicht zusammengepresste Dimension. Sie verursacht, dass ihr euch an viele Dinge nicht mehr erinnern könnt, die eigentlich völlig normal wären für euch. Der „Zeit-Strumpf", in dem ihr euch aufhaltet, schirmt euch quasi von der freien kosmischen Information ab, wie ein Klassenzimmer, in welchem eine Klausur geschrieben wird. Die Fenster und Türen sind geschlossen, es ist Ruhe, und jemand passt auf, dass dies so bleibt. So ist es auch mit der Zeit. Es gibt Wesenheiten, die sich mit dem Kontrollieren und Instandhalten eurer linearen Zeit beschäftigen und schauen, dass das System aufrechterhalten bleibt. Jedoch ist es jetzt so, dass seit Ende des 19. Jahrhunderts die Zeit wieder ein Stück weit aufgefächert wird. Dies war seit jeher so geplant. Dies besagen auch die alten Kalender, welche im Dezember 2012 aufhören. Sie behaupten nicht, dass die Welt untergeht, sie stellen lediglich fest, dass ein alter Strumpf fertig ist und dass es dann Zeit ist für einen neuen. Und wie dieser Strumpf aussehen wird, das seid ihr im Moment gerade dabei, zu entscheiden und zu bestimmen. Es ist nun so, dass wir in unseren Gefilden die lineare Zeit überhaupt nicht wahrnehmen. Der Zeitstrumpf ist quasi aufgedröselt und als Faden in alles hineinverwoben. Sämtliche Punkte in der Zeit sind für uns problemlos und direkt zugänglich. Stellt es euch wie einen Teich vor. Ihr seid in der Mitte des Teiches, und wir sind außen um ihn herum verteilt. Wir können jeden beliebigen Punkt des Teiches von außen bequem erreichen und falls nötig auch ins Wasser springen (lacht). Die lineare Zeit ist also eine bewusst eingerichtete Simulation und aus diesem Grund nicht für alle Wesen betretbar oder erfahrbar. Ihr müsst es euch vorstellen wie eine Höhle von 2 Metern Höhe. Für jemanden, der 1.80 Meter misst, ist sie als Aufenthaltsort durchaus denkbar. Hingegen ist dies für ein Wesen von 2.40 Metern zumindest für eine längere

Zeit wirklich unmöglich. Und so ist die Frequenz (die Raumhöhe) der Zeit genau für diese Gruppe von Seelen eingerichtet, die sich auf dem Planeten Erde zur Schulung einfindet. Die Zeit hilft mit, einen Raum zu definieren und Bedingungen zu simulieren, die für euer Wachstum effizient sind. Und so finden wir an unserem Ort nichts, was mit der linearen Zeit vergleichbar wäre. Sie ist etwas Einmaliges, und ob all ihrer Schmerzlichkeit ist sie eine einmalige und kostbare Erfahrung, welche euch über diese planetarische Existenz hinaus immer prägen wird. Es ist nun aber so, dass wir in unserer Dimension natürlich andere kosmische Einrichtungen haben, welche uns zu der nötigen Schulung und Entwicklung verhelfen. Denn diese geht unablässig weiter im ganzen Universum. Das Sich-Weiterentwickeln ist das Allerwichtigste, was es gibt. Nur in der Entwicklung können wir die werden, respektive die sein, welche wir wirklich sind. Die Konservierung zerstört uns in unserer Essenz. Aber die Existenz ist konstante Entwicklung und Veränderung. Nur in der Veränderung kann es Leben geben. Dies ist etwas ganz fundamental Wichtiges, was viele auf diesem Planeten noch nicht angenommen oder begriffen haben, da ihnen der niederdimensionale Zustand der Trennung immer noch etwas anderes suggeriert. Sie erleben das Abgetrenntsein von der göttlichen Quelle so stark, dass sie sich in diese Haltung flüchten und alles um sich herum konservieren wollen, um den Zustand für sie einigermaßen erträglich zu machen. Jedoch finden der Wandel und die Veränderung Zugang zu allen von euch. Und gerade wenn wir mit aller Gewalt versuchen, eine Veränderung zu unterbinden, wird sie sich umso unerbittlicher ihren Weg bahnen – da sie uns erreichen muss. Die göttliche Urschwingung lässt keine Erstarrung zu, da ihr dies einfach nicht möglich ist.

Himmlische Körper

Let's get physical, physical, I wanna get physical,
let's get into physical
Let me hear your body talk, your body talk,
let me hear your body talk
Olivia Newton-John „Physical"

Der menschliche Körper ist ein kleines Wunder, oder vielleicht besser gesagt, ein sehr großes, und ihr selbst habt mitgeholfen, ihn während der Zeit der jungen Erde mit zu entwickeln. Man musste ein „Gefährt" entwickeln, das nicht nur die neu erschaffenen Raum- und Zeitdimensionen bereisen konnte. Es sollte zudem auch in der Lage sein, auf alle eure alten Daten (die Erfahrungen und das Wissen der Seele) zuzugreifen und gleichzeitig eine Vielzahl von neuen Erfahrungen zu sammeln, zu verwerten und dem Seelenschatz hinzuzufügen. Man musste also einen Weg suchen, eure höherdimensionale Seele in einer tieferen Frequenzregion abzubilden. Es ist dies total wagemutig, und viele Wesen würden dies nicht tun. Ihr habt es aber getan, *weil* ihr wagemutig und vielleicht auch etwas verrückt seid – wie wir alle auch (lacht). Es fühlte sich zu Beginn sehr, sehr aufregend an, o ja, das tat es... Und nun seid ihr diesen Prozess des Hineinschlüpfens der Seele in einen menschlichen Körper so gewöhnt, dass ihr denkt, ihr seid dieser Körper. Ihr seid auch dieser Körper, das ist ganz klar, aber ihr seid noch sehr viel mehr. Dieser dichte und stoffliche Körper funktioniert ja nicht aus sich selbst heraus. Es ist wie bei einem Computer: Nie würdet ihr annehmen, dass die Kiste ganz ohne Software läuft. Es braucht ein Grundprogramm, das ihm Leben einhaucht, und viele verschiedene kleine Anwendungen, welche erst den Spaß in die Sache bringen. Und so ist es mit euch. Über diesen stofflichen Körper hinaus ragen verschiedene höherdimensionale Körper, ihr könnt den nächsthöheren gerne den „Softwarekörper" nennen. Er organisiert und speist den stofflichen Materiekörper mit Anweisungen und vitaler Energie. Die grundsätzliche Lebensenergie kommt nicht nur von den Dingen, die ihr über das Stoffliche zu euch nehmt. Müsstet ihr nämlich nur mit der stofflichen Energie auskommen, kämet ihr keinen Tag über die Runden. Vielmehr wird der stoffliche Körper über den „Softwarekörper" mit vitaler kosmischer oder auch göttlicher Energie (falls ihr den Begriff mögt) versorgt. Es ist euch möglich, nur von dieser vitalen kosmischen Energie zu leben, es funktioniert dies bestens. Man muss sich einfach von bestimmten Ängsten und Konzepten freimachen, damit das Programm wieder läuft. Wenn also jemand keine Lust hat auf stoffliche Nahrung, dann ist dies ohne Sorge machbar. Jedoch möchten dies wohl die meisten von euch nicht. Und wir sind auch der Meinung, dass, wenn wir noch auf dem Planeten wären, wir die Freude der stofflichen Ernährung nicht missen wollten. Jeder Ort im Universum bietet seine exklusiven Reize.

Dieser „Softwareleib“ wurde in eurer klassischen Literatur oft als Ätherleib bezeichnet. Ich benenne die Begriffe gerne ab und zu für euch um, damit ihr ein Bild habt aus eurer Zeit, welches direkt zu euch spricht. Doch bildet euch eure eigene Vorstellung davon. Habt eine Idee davon, dies ist weit wichtiger als der Name. Über diesen Softwareleib hinaus gibt es den von mir als den „Seelenleib“ bezeichneten Körper, welcher auch „Astralkörper“ genannt wird. Er ist die „kleine Seele“ eurer Hohen Seelen, welche als Schnittstelle für den Informationstransfer eurer Zentrale nach ganz oben dient. Im Gegensatz zum Ätherleib, welcher den Körper mit den vitalen Energien im Universum synchronisiert und schaut, dass die Materie mit dem ganzen Universum in Verbindung bleibt, schafft der Astralleib die Verbindung mit den Inhalten und Erfahrungen der Seele selbst. Er verbindet euch mit allen euren alten Erfahrungen und vor allem mit allen gesammelten Informationen eurer bisherigen Leben. Der Astral- und Ätherleib kommen sich manchmal etwas in die Quere. Sie sind wie zwei Arbeitskollegen, die eigentlich gut und gerne zusammenarbeiten, sich aber auch nicht immer ganz einig sind über das Vorgehen. Und manchmal kann schon mal etwas dicke Luft herrschen im Büro. Der Seelenleib untersteht direkt der Hohen Seele und den Lehrer- und Meisterseelen, welche euch betreuen. Der Ätherleib hingegen arbeitet zusammen mit den Wesen, welche die kosmischen Kräfte- und Naturgesetze verwalten und betreuen. Der Ätherleib muss sich gemäß diesen Regeln um euch kümmern. Ihr müsst euch im Klaren sein, dass jedes eurer Organe ein Abbild eines größeren kosmischen Prinzips ist und jedes nur im Zusammenhang und in der Verbindung mit seiner großen kosmischen Quelle lebt und fließt. Am deutlichsten erkennt ihr dies noch am Zusammenhang des weiblichen Zyklus' mit dem Mond. Jedoch ist dies nur ein kleines und unvollständiges Beispiel, da die ursprüngliche Funktion eine andere war. Es ist nun so, dass wirklich jedes Organ und jede Körperfunktion aus einem kosmischen Körper heraus gebildet worden ist. Ihr seid untrennbar mit dem gesamten Kosmos verbunden. Alle eure Organe sind unsichtbar verwoben mit den Sternen und ihren Kräften und Rhythmen.

Nun kommt es vor, dass, während der Ätherleib gerade schön am Verwalten und am Instandhalten ist, der Astralleib plötzlich mit einer alten Erfahrung einfährt. Dies wiederum nimmt die Leber ganz schön in Beschlag. Die Leber ist ein sehr, sehr bedeutender Umschlagplatz für alte Emotionen, gerade aus früheren Leben. Dies bedeutet, dass die Taten des Astralleibes oftmals die Ruhe im System durcheinanderbringen. Der Ätherleib räumt also immer schön auf, ordnet unablässig, und der Astralleib macht ständig Party und verursacht ein Durcheinander. Versteht mich bitte richtig, die Zwei sind natürlich die dicksten Freunde. Wir möchten euch nur klarmachen und euch ein Verständnis dafür vermitteln, weshalb ihr euch manchmal so komisch fühlt. Ihr seid alle gewaltige Baustellen, gerade in der jetzigen Zeit, in welcher die Seele die Tore für eine Flut von alten Erfahrungen und Emotionen aufmacht. Es ist dies jene Art von Erfahrungen, welche ihr sonst immer nur behandelt und bearbeitet habt, wenn ihr nicht in einem Körper wart. Dank der stetig voranschreitenden dimensionalen Erweiterung auf dem Planeten ist es erstmalig möglich, diese Erfahrung zu machen, während ihr in menschlicher Gestalt seid. Und dies ist für beide, für den stofflichsten Körper und für den Ätherleib, sehr verwirrend. Das haben die beiden noch nie gemacht und sind darum dementsprechend manchmal etwas nervös. Der Astralleib kennt diese Abläufe bestens, er tut dies ja immer im nachtodlichen Zustand. Denn er bleibt bei uns und begleitet uns auf allen unseren Erdmissionen. Der Astralleib ist wie ein Datenstick, der von der Hohen Seele für die jeweilige Mission mit der erforderlichen Information bestückt wird, während der Ätherleib jeweils für jede Verkörperung neu aufgebaut wird. Dies geschieht zwar mithilfe von Informationen aus dem Astralleib, aber letztendlich ist der Ätherleib für die einmalige Verwendung konzipiert, der nach dem physischen Tod recycelt wird.

Es sind dies eure beiden nächsthöheren Körper. Denkt immer liebevoll an sie, das wird euch sehr gut tun. Seid euch bitte bewusst, dass sie auch zu euch gehören und stetig für euch im Dienst sind, damit ihr diese Erfahrung hier machen könnt. Auch dem physischen Körper soll man mit Dank und Achtung begegnen. Ich meine, er ist eine kosmische Super-High-Tech-Maschine und sollte von euch auch als solche behandelt werden: mit Freude darüber, dass ihr so etwas wahnsinnig Tolles besitzt, und mit Respekt und Dankbarkeit. Denn das kosmische Tool ist unablässig auf Höchstleistung im Einsatz für euch. Der menschliche Körper ist ein Display. Er gibt euch in jedem Moment die Information, die ihr braucht. Er teilt euch alles mit. Und ihr tut gut daran, auf ihn zu hören. Er ist ein hochsensibles und sensitives Vehikel. Ihn zu ignorieren, bringt euch meistens in Schwierigkeiten. Viele haben sich angewöhnt, den Körper wie eine billige Magd zu behandeln, und dies löst einen Zwist zwischen ihm und euch aus. Ihr lebt gegeneinander und nicht in Harmonie. Stellt ihn euch als Luxus-Butler vor, der euch alles gibt, was ihr braucht, und euch umsorgt. Im Gegenzug behandelt ihr ihn mit entsprechender Achtung: "Oh, James, Sie sehen heute gar nicht gut aus, nehmen Sie sich besser einen Tag frei." Beutet eure Körper nicht dauerhaft aus! Weder durch Überbeanspruchung oder Vernachlässigung noch durch unsachgemäße Bedienung. Er ist außerordentlich belastbar, aber bitte: Seid in einem bewussten Umgang mit ihm verbunden und seid dankbar, dass ihr ihn habt. Ihr könnt in eurem Leben nicht immer tun und lassen, was ihr wollt. Aber ihr könnt dennoch in Einklang mit eurem Körper sein. Er macht euch nichts vor, im Gegensatz zu euch, die ihr euch manchmal selbst belügt. Der Körper ist immer gnadenlos ehrlich, weil er weiß, dass er euch diese Ehrlichkeit schuldet. Es ist seine Aufgabe. Und wenn ihr immer weghört, muss er deutlicher werden und die Information kommunizieren, bis sie empfangen wird.

Als nächsthöheren Körper finden wir bei allen als Mensch sich verkörpernden Wesen eine Art „Blase“. In dieser werden die jeweiligen Resultate aus allen Verkörperungserfahrungen der Erde mit der ganzen Seelenerfahrung verarbeitet. Ich nenne diesen Körper gerne den Sternenleib oder „Star Body“. Er sammelt die Essenz oder das Destillat, welche die Seele mithilfe ihres Seelenselbsts aus der Erdverkörperungsreihe zieht. Am Ende des Zyklus' wird der Bau dieses Leibes abgeschlossen sein, und sein Inhalt hilft der Seele, sich in die nächste Bewusstseinsstufe umzuwandeln. Er ist quasi ein Baustoff, der von uns selbst in dieser komplizierten Mission hergestellt wird – so wie eine Biene Honig herstellt. Ebenfalls auf dieser vierten Stufe finden wir parallel zum Star-Body je nachdem weitere Körper der Seele, welches vom Bewusstseins- und Entwicklungszustand der jeweiligen Seele abhängt. Ab einer gewissen Honigmenge im Star-Body können alte „außerirdische“ Körper in anderen Dimensionen wieder aktiviert werden, welche wir zu Beginn unserer Erdverkörperungskette deaktivieren mussten. Es gibt also eine stetig wachsende Zahl von euch, die über einen Parallelkörper in einer anderen Dimension verfügt. Das Freischalten des Parallelkörpers steigert den ganzen Wachstumsprozess, ihr bekommt quasi jemanden an eure Seite, welcher mit und für euch arbeitet. Ihr könnt Informationen bequem und mühelos hin- und herschieben, so wie man Files von einer Festplatte auf die andere schiebt, um sie dann zu öffnen. Seid ihr an diesen Punkt gelangt, wachst ihr immer mehr und mehr in eure ursprüngliche Existenz hinein, welche ihr hattet, bevor ihr euch zur verrückten Mission „Planet Earth“ angemeldet habt. Jedoch kehrt ihr dann mit einem unermesslichen Erfahrungsschatz nach Hause in eure Ursprungsdimension zurück – wie ein Entdecker, der nach langer Fahrt nach Hause kommt, beladen mit fremden Düften, Geschichten und Eindrücken.

Die Spielregeln

We can't return we can only look behind from where we came
And go round and round and round in the circle game
Joni Mitchell „The Circle Game"

Nachdem wir nun also das Spielfeld ungefähr beschrieben haben, sollten wir vielleicht einmal die Spielregeln genauer anschauen, nach denen ihr schon seit geraumer Zeit spielt. Es liegt dem Inkarnationszyklus ein kosmisches Prinzip zugrunde: Die Seele schlüpft in immer neue Kostüme, um in verschiedener Gestalt, in anderer Zeit und in einem anderen Umfeld eine neue Erfahrung zu machen. Diese fügt sie als Schatz ihrem Erfahrungspool hinzu. Das Spiel umfasst also einen ganzen Zyklus und nicht nur eine einzelne Verkörperung. Eine einzelne Verkörperung ist nur eine Szene im Film „Erderfahrung". Ihr solltet euch dessen stetig bewusst sein. Es ist nun so, dass ihr, wenn ihr euch angemeldet habt für die Erderfahrung, die Dreharbeiten bis zum Ende mitmachen müsst. Ihr könnt nicht einfach aussteigen, wenn ihr keine Lust mehr habt. Und ich sage euch, wir alle hatten schon mehrfach keine Lust mehr (lacht), weil wir gerne alle manchmal mehr abgebissen haben, als wir schlucken konnten. Aber das gehört nun mal auch dazu, und es geht ja um neue Erfahrungen. Es ist für die Seele auch überhaupt nicht erstrebenswert, unterwegs aus dem Projekt auszusteigen, da der Gewinn und die Erkenntnis, die aus einem solchen Projekt resultieren, von ungeheurer Bedeutung und unschätzbarem Wert sind. Unsere Befindlichkeit spielt eine kleine Rolle, wenn es um so große Errungenschaften geht. Es gibt im Universum nicht ständig und an jeder Ecke solche Schulungszentren.

Was ihr tut, ist von großer Bedeutung, und ihr habt einen begehrten Platz in einem besonderen Kurs ergattert. An bestimmten Punkten bietet sich der einen oder anderen Seele die Möglichkeit, auszusteigen und weiterzugehen, quasi in einen anderen Kurs zu wechseln. Ein paar der alten Seelen wechselten in den letzten Jahrhunderten schon mal die Seite und betreuen euch jetzt aus einer anderen Dimension. Ich befand mich vor etwa 500 Jahren nach meiner letzten Erdverkörperung an dem Punkt, wo es mir freistand, zu wählen, den irdischen Weg weiterzugehen oder mich einem anderen Projekt in einer für mich neuen Dimension anzuschließen. Dies war für mich sehr verlockend, da ich nach meiner letzten Erderfahrung die Nase gestrichen voll hatte, wenn ich das so salopp, aber in vollem Respekt formulieren darf. Meine Lehrer und Berater sahen auch, dass es bei meinem damaligen Punktestand und meiner Verfassung ein günstiger Zeitpunkt für einen Dimensionswechsel war. Das tat ich dann auch. Und es hat mir in der Tat sehr gut getan. Andere Seelen wiederum, und es ist dies eine bestimmte Gruppe, welche ungefähr im selben Zeitraum das Punkte-Soll für einen Ausstieg erreicht hatte, beschlossen, weiter auf der Erde zu inkarnieren. Dies, weil es zum Teil möglich war, einzelne Themen auf diese Weise noch besser abzuarbeiten, und die Seelen von diesen komplett frei werden wollten. Zum anderen, weil sie noch weitere Erfahrungen machen wollten. Es ist ganz wichtig, überpersönliche Zusatzaufgaben zu übernehmen, welche die Seele weiter schulen und entfalten. Dies gilt für fast alle Seelen, die sich jetzt in einer Heilertätigkeit auf dem Planeten befinden. Man hat in verschiedenen Büchern zu verschiedenen Zeiten versucht, genaue Aussagen zu machen, wie oft und in welchen Formen ihr inkarniert. Ich kann von mir aus dazu nur sagen, dass sich der Zyklus vollkommen individuell gestaltet und er bei keinen zwei Seelen gleich ist. Euer Inkarnationsabdruck ist ein einmaliges Profil, so wie jede Seele mit ihren Facetten absolut einmalig ist. Manche Seelen halten sich Ewigkeiten zurück, um dann kurz hintereinander oder nach Möglichkeit sogar parallel zu inkarnieren. Wobei Letzteres eher selten der Fall ist, da es nicht ganz einfach zu realisieren ist – aber es kommt vor. Auch gibt es nicht eine ausgeglichene Anzahl von männlichen und weiblichen Inkarnationen, ein solches Konzept wäre zu einengend. Vielmehr geht es darum, dass die Seele in ein Umfeld kommt, in dem sie den nächsten Schritt für sich vollziehen kann. Jede Seele hat ihre Affinitäten und Vorlieben für bestimmte geografische Regionen oder Kulturen, und sie lebt diese Neigung auch gerne aus. In diesem Inkarnationsspiel entwickelt sich nicht nur die Seelenhierarchie, welche sich auf dem Planeten Erde als Mensch tummelt, nein, auch Engel, Planeten und auch die meisten anderen Lebensformen im Kosmos bilden sich in solchen Zyklen weiter. Wie ich schon erwähnt habe, ist die Erde „bloß“ eine Verkörperung von Gaia, dem Planetenwesen. Die Planetenwesen bilden auch Gruppen und Seelenfamilien, wie ihr dies tut, und ihr könnt euch ja denken, dass es da irgendwelche Zusammenhänge gibt, wenn ein paar Planeten gemeinsam um dieselbe Sonne kreisen (lacht). Die Planeten sind in einer bestimmten Resonanz mit euch, da sie eine stoffliche Erfahrung machen, die auf ihrer Stufe der euren ähnlich ist. Die Planetenseelen verhalten sich zu den Sternen- oder Sonnenseelen etwa so, wie ihr euch zu Engelwesen verhaltet. Ich möchte dies sowieso an dieser Stelle mal festhalten: Ich bin kein Engel! (lacht) Ich gehöre zur selben Seelenhierarchie wie ihr auch, die wir uns in ein Engelbewusstsein hineinarbeiten. Aber ich genieße hier einen Umgang mit sehr vielen Wesen von höheren Hierarchien, und ich sage euch, es ist ein wirklich erstrebenswerter Zustand, der Aufwand lohnt sich (lacht). Die Sternenwesen sind unvorstellbar hoch entwickelt und befinden sich eigentlich mit ihrem Bewusstsein in einem anderen Universum. Was euch als glühende Kugel erscheint, ist bloß der für euch sichtbare Niederschlag ihrer Schwingung in der Dimension, welche für eure Sinne fassbar ist. Selbstverständlich ist es möglich, sich ihnen zu öffnen und in einen telepathischen Kontakt mit ihnen zu treten und sie auf diese Weise in ihrer Essenz zu empfangen. (Man beachte dabei meine kleine Übung im Anhang „die Sonnenmeditation“ für diejenigen von euch, die Spaß daran haben.) Wir haben auch den äußerst starken Verdacht, dass das gesamte uns bekannte Universum auch als Ganzes riesige und unvorstellbare Inkarnationen durchläuft. Der ganze uns bekannte Zustand mag wohl nur einer von vielen sein. Ist es nicht sehr aufregend? In eurem Atem findet sich natürlich auch ein Abbild davon, wie auch in anderen körperlichen Prozessen. Der menschliche Körper basiert auf kosmischen Prinzipien, nur so kann er funktionieren, weil seine Prinzipien aus dem Universum gespeist und erhalten werden. Ihr seid in einer konstanten Verbindung mit dem Universum. Ihr seid nicht alleine und abgeschnitten, ihr seid vielmehr eingewoben, und es ist an der Zeit, dies wieder zu erkennen, nicht wahr, meine Lieben!

Ein Ausflug

Once I get you up there where the air is rarefied
We'll just glide, starry-eyed
Once I get you up there, I'll be holding you so near
You may hear angels cheer, 'cause we're together

Frank Sinatra „Come fly with me"

Nun, nachdem ich euch im letzten Kapitel etwas gepiesackt habe, was ihr alles besser machen könntet, schlage ich vor, dass wir zur allgemeinen Entspannung einen kleinen Ausflug machen. Wir schauen uns das Umland an, also das, was vor euch und um euch herum liegt, wenn ihr aus eurem Bau krabbelt. Vor uns erstreckt sich das weite Universum, von dem immer noch einige glauben, dass es, abgesehen von euch, komplett leer wäre. Eine eigenartige Vorstellung. Etwa so, wie wenn sich einer von euch ein schwarzes Tuch über den Kopf legt, sich in der Rush Hour auf eine Kreuzung stellt und der festen Überzeugung ist, dass er der Einzige ist in dieser Stadt. Na, dann mal viel Spaß mit der selbst gewählten Einsamkeit! Hier draußen ist nämlich ganz schön was los, und zwar auf vielen Ebenen und in zahlreichen Dimensionen. Wir sollten also vielleicht erst eine kleine Reiseroute festlegen für den Ausflug, damit wir uns nicht gleich verirren. Ich schlage dann vor, dass wir ausgehend vom Planeten langsam aufsteigen und uns mal umschauen, wem wir da so begegnen, O.K? Und zwar steigen wir nicht mit der NASA-Technik auf. Nein, weil wir dann dummerweise an allem Interessanten vorbeifliegen, die falsche Abzweigung benutzen und immer Richtung Leer fliegen. Wie langweilig ... Wir machen also einen bewussten Aufstieg, und dazu müssen wir unsere Körper verlassen. Merkt euch dies: Wenn ihr in eine höhere Dimension wollt, müsst ihr Ballast abwerfen, und das ist in diesem Fall euer geliebter physischer Körper. Er ist ehrlich gesagt auch froh, wenn er nicht mit muss, es wäre nämlich viel zu verwirrend für ihn, und schließlich hat er hier unten schon mehr als genug zu tun. Es ist nämlich so, dass, wenn wir mit unseren Körpern in dieser Dimension den Planeten verlassen, wir uns immer tiefer in einer niederdimensionalen Projektion verirren, wo wir tatsächlich auf nichts stoßen. Wir verlaufen uns quasi in unserer Geisteshaltung. Den Einstieg in den bewohnten Teil des Universums, welcher für uns relevant und zugänglich ist, erreichen wir über die sogenannte Astralebene. Die Astralebene ist eine feinere Dimension, die das Geschehen auf diesem Planeten mit vielen anderen Bereichen des Kosmos verbindet und wo sich – genau, richtig – auch unser Astralleib tummelt. Des Nachts, wenn ihr träumt respektive überbewusst unterwegs seid, geht ihr in dieser Zeit bestimmten Dingen und Verpflichtungen nach, welche nötig sind, damit ihr am nächsten Tag da weitermachen könnt, wo ihr aufgehört habt. So wie die Nacht die Ruhephase für den physischen Körper ist, so ist die Nacht die sehr, sehr aktive Phase für den Astralleib. Wie ein kleiner Todesschlaf gibt die Nachtruhe dem Astralkörper die Möglichkeit, die Dinge, die vorgefallen sind oder anstehen, zu bewältigen. Sie ist sozusagen seine Bürozeit. Dem Ätherleib ist es ziemlich egal, in welcher Phase sich der physische Körper gerade befindet, er tut einfach seinen Job, und zwar die Maschine am Laufen zu halten. Denn funktionieren muss sie ja in beiden Zuständen. In der Astralebene begegnen wir sehr interessanten Wesenheiten, die sich um uns kümmern, uns fragen, ob es uns gut geht oder ob wir etwas brauchen. Wir können uns ihnen mit unseren Nöten und Sorgen anvertrauen, und wir werden beraten, wenn wir Hilfe möchten in bestimmten Bereichen. Es sind dies sogenannte Engelwesen. Es soll ja Leute unter euch geben, die glauben an Engel. Also wir nicht. Wir wissen, dass es sie gibt! (lacht) Ihr glaubt ja auch nicht, dass draußen Bäume stehen, ihr wisst es. Wir möchten auch gar niemanden beeinflussen, es ist dies in keiner Weise unsere Absicht. Wir möchten einfach unsere Erfahrung mit euch teilen. Man ist nicht besser, wenn man an Engel glaubt, es ist eine freie Wahl. Sogenannte Engel (ich suche immer noch ein Wort, das für einige von euch weniger belastet wäre, vielleicht kommt mir mal noch eine Idee ...) sind Wesen einer höheren Entwicklungsstufe oder einer höheren Hierarchie als die, in der wir leben. Sie teilen mit uns ihre Erfahrungen und ihr Wissen. Sie tun etwas für sich selbst, indem sie sich um uns kümmern, weil sie dabei mehr über sich erfahren. So wie ihr mehr über euch erfahrt, wenn ihr euch ein Haustier haltet. Es ist dies ein wunderbarer Vergleich. Und es ist wie bei euch. Nicht alle Engelwesen haben das Bedürfnis nach einem Haustier. Andere wiederum haben ganz viele davon. Es gibt keine Regel, doch sehr, sehr viele von ihnen möchten unbedingt teilhaben an diesem Projekt Erde und stehen euch bei und spornen euch an.

Nun ist es so, dass jeder Planet seinen „kleinen Himmel" hat. Es gibt einen bestimmten Bereich der ersten Astralebene, der ganz zur Erde gehört. Die Beschreibung der „himmlischen Sphären" gestaltet sich ungemein komplex, und es ist nicht ganz leicht, ihnen mit Worten gerecht zu werden, aber ich will es gerne versuchen. Auch Menschenseelen, die nach dem Tod den Körper abgelegt haben, halten sich zuerst in diesem Teil der astralen Welt auf, welche ganz zu diesem Planeten hier gehört. Sie können sich dort sehr, sehr lange „Zeit" aufhalten. Dies, weil sie einerseits die „Zeit" benötigen, um Erfahrungen zu verarbeiten, welche in den Erfahrungsbericht des Erdzykluses gehören. Und andrerseits, weil sich die Seele während des gesamten Erdverkörperungszykluses nicht ganz aus dem zur Erde gehörenden „Himmel" abmelden und weiterfliegen kann. Dies ist erst nach Abschluss des Kreises möglich. Doch bereits in diesem „kleinen" astralen Bereich stoßen wir auf sehr viel Neues und Aufregendes. Über die Engel hinaus treffen wir hier auf eine große Anzahl an unterschiedlichsten, weit entwickelten Wesen, welche mit einer kleinen Zehe ihrer Existenz quasi wie ein Duft oder ein Schimmer hineinragen und wir uns ob ihrer Schönheit nicht fassen können vor Begeisterung und darum ständig am Staunen und Schnuppern sind. Auf dieser Astralebene kann sich die müde und erschöpfte Seele erholen. Denn, wie gesagt, die Erde ist kein Urlaubs- und Vergnügungsplanet. Ihr dürft euch aber die Erschöpfung nicht im körperlichen Sinne, wie ein „kaputt sein“ vorstellen. Es ist vielmehr so, dass die Seele ein tiefes Bedürfnis nach einer Introspektion und einer Nachdenk-Phase empfindet. Dieses Stadium entspricht sehr eurem irdischen Schlafen. Und so wie ihr euch zum nächtlichen Schlaf ein möglichst schönes und bequemes Bett schafft, so baut sich die Seele für diese Phase einen Ort genau nach ihren Wünschen: eine „Simulation“ eines Ortes oder Bereiches, der für die Seele Symbol von großer Ruhe und Friede darstellt. Darf ich an dieser Stelle eine kleine Randbemerkung machen: Schlaft schön! Ich meine damit, dass es euch gut tut, wenn euer Schlafbereich schön hergerichtet ist. Ok, ihr habt ja die Augen zu und kriegt nichts mit vom Zimmer, aber ich sage euch, es hat einen großen Einfluss auf eure Neuordnung in der Nacht. Ihr nehmt Chaos oder Ordnung in der Nacht sehr viel leichter auf. Versucht, vor dem Einschlafen euer Schlafzimmer und vor allem auch eure Gedanken zu klären, seht dazu die kleine Übung im Anhang.

So lasst uns nun unsere Reise fortsetzen. Ihr habt auf der Astralebene die Möglichkeit, Dinge und Momente wie auf einer Kinoleinwand nochmals zu erleben und zu betrachten. Ihr könnt wie ein Zuschauer auf bestimmte

Emotionen schauen, von welchen ihr noch nicht frei seid. Es kann dies im Schweren wie auch im Leichten der Fall sein. Denn wisst ihr, auch besonders freudige Erderfahrungen können nicht immer leicht losgelassen werden. Ihr wollt sie halten, aber ihr könnt sie erst mitnehmen, wenn ihr sie ganz loslasst. Es kommt nur die Essenz mit ins Reisegepäck, für etwas anderes ist im Koffer kein Platz. Treten wir nach einer Verkörperung in die astrale Welt ein, dann haben wir die Möglichkeit, die astrale Welt sehr, sehr viel tiefgreifender zu bereisen und zu entdecken als zu Lebzeiten. Zwischen Tod und der nächsten Geburt sind wir meist nur in einem Bereich, ich möchte schon fast sagen, in einer Abteilung, welche nur für die Aufnahme, Pflege und Wiederherstellung der Seele zwischen zwei Inkarnationen zuständig ist. Etwa so wie ein Sanatorium oder ein Hotel mit einem großen Park oder Garten. Die Gesamtheit der irdischen Astralebene grenzt an astrale Sphären von anderen Planeten, welche ihre Population in einer anderen Dimension angesiedelt hat. In ihren Außenbereichen vermischen sie sich, es gibt so etwas wie gemeinsame Schnittmengen von Dimensionen. Und diese gemeinsamen Schnittstellen müssen für den Wechsel in andere Dimensionen benutzt werden. Es gibt etwa einen sehr signifikanten Bereich der plejadischen Astralebene, der mit der irdischen vernetzt ist. Und über diesen gemeinsamen Astralbereich ist es dann auch möglich, auf einen anderen bewohnten Planeten zu reisen. Euch fehlt noch die Technologie dazu, die Praxis ist aber gang und gäbe. Man guckt euch darum manchmal etwas amüsiert zu, wie ihr Raketen *weit, weit* hinaus *weit, weit* am Ziel vorbeischießt. Die Distanzen sind nicht groß, man muss einfach das richtige interdimensionale Tor benutzen, dann geht es ganz flott. Mein Gott, wie unpraktisch, wenn das wirklich so wäre, immer gleich Lichtjahre lang fliegen zu müssen! Keine höhere Intelligenz würde etwas so Unpraktisches erfinden ... (lacht).

Das bringt mich zum zweiten Punkt, den ich in diesem Rahmen unbedingt erwähnt haben möchte: Erlöst euch von dem Druck, dass ihr die Klügsten, Besten und überhaupt seid. Ihr seid es nicht! Und wir sind es auch nicht!! (lacht) Wozu sich so einen Stress machen? Ihr seid unter Freunden und ihr könnt immer jemanden um Hilfe bitten, wenn ihr nicht weiter wisst. Aber ihr müsst fragen und darum bitten. Es ist dies ein kosmisches Gesetz, das in Bezug auf das Erd-Spiel und im Interesse aller sehr strikt eingehalten werden muss. Stellt euch vor, ihr seid im Hotel und ständig klopft der Room-Service und sagt: "Hallo, möchten Sie Eis, möchten Sie Blumen, möchten Sie Champagner?" Das nervt! Es ist ein Gebot der kosmischen Höflichkeit, abzuwarten, bis eine Bitte oder eine Anfrage kommt. Das „Personal" hat die strikte Anweisung, nicht auf eigene Initiative zu handeln (in Notfällen dürfen sie dies, die sogenannten Schutzengel). Also liegt es an euch, wenn ihr einen Wunsch habt, diesen zu formulieren. Und bitte seid höflich, der Service ist dann einfach besser, ihr kriegt das Eis dann mit einem Lächeln serviert. Sagt: „Wäre es möglich, dass ich einen großen

Eisbecher bekomme?“ und nicht: „Ich will einen großen Eisbecher!“ Diese Unterschiede mögen euch unwichtig erscheinen, doch wir sind hier in einem Bereich, wo es darum geht, euer Bewusstsein zu trainieren. Die Haltung, mit der ihr etwas tut, bestimmt, wie die Blume blüht und gedeiht. Und das Servicepersonal ist superintelligent und denkt in größeren Zusammenhängen. Habt ihr schon drei Eisbecher gehabt und bestellt einen vierten, kann es sehr gut sein, dass er nicht kommt, zu eurem eigenen Wohl, damit euch nicht schlecht wird. Wird also eine Bitte nicht ausgeführt, dann seid auch dankbar, und zwar dafür, dass man die Bestellung nicht ausführt zu eurem höchsten Wohl. Nicht immer tun uns alle Dinge gut, die wir uns wünschen. Wenn wir sagen „ich will“, ist es meist so, dass wir, wenn wir dies mit genügend Gedankenkraft ausstrahlen, es eigentlich immer bekommen. Wir funktionieren dann „on willpower“ (über Willenskraft). Damit schaffen wir aber immer Ursachen und Abhängigkeiten, für die wir verantwortlich sind. Wir bekommen dann den vierten Eisbecher, kotzen alles voll, es ist uns sterbensübel, und putzen müssen wir dann auch noch. Ihr wisst, was ich meine. “Willpower is a boomerang!“ Dazu bei anderer Gelegenheit gerne mehr.

Doch zurück zu unserem Ausflug: Wir sind also auf der Astralebene, vereint mit sehr viel höher entwickelten liebenden Wesen, welche sich unablässig um uns kümmern, ob wir das wollen oder nicht. Über unseren Astralkörper sind wir mit den Engelwesen, in deren Obhut wir stehen, verbunden. Und da ihr ja wisst, dass der Astralkörper der

Sitz unserer Emotionen ist, dürfte jetzt auch klar sein, dass wir über unsere Emotionen mit unseren Engeln kommunizieren. Die beiden Haupt-Kommunikationsemotionen sind Dank und Freude. Die beiden menschlichen Emotionen Dank und Freude sind dem „englischen" *(Anm.: Equon meint mit dem altertümlichen Ausdruck „englisch" „zu den Engeln gehörend" und nicht die Engländer)* Bewusstseinszustand am nächsten. Ich muss euch eingehend davor warnen, euch in Furcht mit einem Wesen zu verbinden. Das ist so, wie wenn man die Hand auf eine glühende Kochplatte legt oder seinen Kopf in den Backofen steckt. Zelebriert Dank und Freude, dann wird euer „englischer" Kommunikationskanal auf Vordermann gebracht. Die Astralebene ist wunderbar, zumindest in der Ecke, wo wir uns aufhalten. Selbstverständlich gibt es auch ein Departement, wo man sich um die Entledigung der schwierigen Emotionen kümmert, da, wo es kocht und brodelt. Nein, das ist nicht die Hölle. Es gibt keine Hölle, es gibt nur uns, euch, unsere Erfahrungen und das Resultat unserer Gedanken und Taten. Und die müssen alle säuberlich sortiert und verwertet werden. Wenn ihr also denkt, wir wären hier in Himmel und Hölle, muss ich euch enttäuschen. Himmel und Hölle ist ein Konzept, um kleine Kinder und junge Seelen zu erschrecken. Ziemlich simpel, aber es hat funktioniert. Würde ich euch jetzt hier in der Astralebene Zeit zur freien Verfügung geben, kann ich mir absolut sicher sein, dass in diesem Falle keiner von euch wieder runtergehen wollte. Es macht einfach zu viel Spaß hier! Aber hey, jeder von euch hat unten einen Körper, der auf euch wartet, und ihr solltet ihn benutzen, solange ihr ihn habt, O.K? Also, alle brav einsteigen, wir beamen uns wieder runter. Ich hoffe, unser kleiner Ausflug hat euch Spaß gemacht. „Wir danken Ihnen, dass sie mit Air Equon geflogen sind."

Zu Tisch, bitte!

Annie sits you down to eat
She always makes you welcome in
Cats and babies 'round her feet
And all are fat and none are thin
None are thin and all are fat
She may bake some brownies today
Saying, you are welcome back
She is another canyon lady.

Joni Mitchell „Ladies of the Canyon“

So, meine Lieben, heute wollen wir zusammen etwas über Ernährung plaudern! Es ist so, dass sich jedes, aber auch wirklich jedes Wesen von etwas nährt. Die einen von Pizza oder von Sushi, die anderen von Hamburgern, wieder andere von göttlichem Licht oder von den Ängsten anderer Wesen und so weiter und so fort. Es stehen unzählige Wege und Möglichkeiten der energetischen Verpflegung offen. Bloß, welche ist die Richtige? (lacht) Nun, es ist in diesem Falle wie in vielen anderen so, dass es kein absolutes Richtig oder Falsch gibt, sondern dass wir es grundsätzlich betrachten müssen und dann wieder in jedem Falle individuell. Essen ist zunächst einmal eine Bestätigung unserer eigenen Energie. So individuell eure äußere Erscheinung ist, so spezifisch ist euer Speiseplan. Ihr seid zwar alle Menschen und teilt menschliche Bedürfnisse wie eine grundlegende menschliche Biologie, trotzdem seid ihr komplett verschieden, und zwar in vielerlei Hinsicht. Bitte vergesst dies nicht. Jedes Wesen sucht zu seinem Erhalte, auf welcher Schwingungsstufe es sich auch immer befindet, Wege, seine Systeme stabil zu halten. Und es tun dies alle über die Zufuhr von Energie von außen. Diese Methode lässt sehr viele Wege offen, wie dies vonstatten gehen kann. Die Form der grobstofflichen Ernährung auf dem Planeten Erde macht in eurer jetzigen Zeit absolut Sinn, auch wenn es wichtig ist, zu wissen, dass es nicht die einzig Mögliche ist. Sie stellt vielmehr eine Reminiszenz, eine Respektsbezeugung an euren stofflichen Körper dar. Ihr ehrt ihn, indem ihr ihm „Baustoffe" auf seinem Schwingungsniveau zukommen lasst. Und genau das ist der Punkt: Die Nahrung, welche wir unserem Körper zuführen, beeinflusst und bestimmt sein Schwingungsniveau erheblich, und es ist sehr wichtig, sich dessen bewusst zu sein. Die meisten Menschen sind sich über diese Tatsache nicht im Klaren und führen sich Dinge zu, ganz egal, ob diese energetisch kompatibel sind mit ihnen oder nicht. Sie drücken es sich einfach rein, und der Körper kann dann zusehen, wie und ob er damit klarkommt. Also, dies ist definitiv nicht die Form von achtsamem Umgang mit eurer Hardware, die ich so gerne predige. Es ist nämlich so: Wenn wir kein Gespür entwickeln für Nahrung, welche uns trägt (und uns nicht belastet), beginnt die Ernährung ab einem gewissen Punkt, unser Schwingungsniveau zu bestimmen. Und dann ist für den Körper Schluss mit lustig: er befindet sich in einem konstanten Kampf, eine Schwingung zu korrigieren, die gegen ihn arbeitet. Der Körper wird seine Gesamtenergie dazu verwenden müssen, einigermaßen über die Runden zu kommen und sich von Tag zu Tag zu schleppen. Also ein ständiger Ausnahmezustand, etwa so, wie wenn ihr euch krank zur Arbeit schleppt, obwohl es eigentlich gar nicht geht. Dass dies der Ausgangspunkt für verschiedenste Formen von Erkrankungen ist, liegt ja auf der Hand. Nun lockt in eurer Gesellschaft ständig ein vielfältiges Großangebot an Nahrungsmitteln, das ihr euch einverleiben könnt. Dies stellt euch vor ein komplexes Problem: Ihr wisst nicht, welche ihr essen könnt und welche lieber nicht. Versucht darum beim Essen erst in euch hineinzuhören, was ihr wirklich braucht. Esst nicht einfach, „was es gibt", denn mit einem solchen Essverhalten bringt ihr euch in Teufels Küche (und der kann leider gar nicht kochen, dort wollen wir also gar nicht hin). In früheren Zeiten wurde dieses Problem automatisch für euch geregelt. Ihr wart fest eingebunden in einen Kulturkreislauf, und die Gegend, in der ihr lebtet, brachte eure Nahrung hervor. Mit der erweiterten neuen Freiheit, die seit Ende des 19. Jahrhunderts herrscht, stellen sich euch neue Aufgaben. Denn neue Freiheiten sind immer mit neuen Aufgaben gekoppelt, nicht wahr, meine Lieben! Es ist nun so, dass ihr mit der Zeit in eine immer größer werdende Flut von neuen Nahrungsmitteln geraten seid, aus der ihr frei auslesen könnt. Erst probiert man mal alles aus und schaut, was einem schmeckt. Das ist ja vollkommen in Ordnung. Doch ihr habt irgendwie eure Fühler, eure Biosensoren, nicht richtig aktiviert. Schaut man sich an, was euch alles zum Fraße vorgeworfen wurde (Verzeihung, aber es gibt keinen netteren Ausdruck dafür), da kräuseln sich uns gleich die Nackenhaare. Und ihr habt es wie brave Zootiere einfach runtergewürgt ...

In der Geschichte der Menschheit haben sich die Ernährungsmethoden sehr stark verändert und entwickelt. So wie ihr immer dichter und stofflicher geworden seid, so hat sich parallel dazu auch eure Nahrung verdichtet. Am Anfang, auf der jungen Erde, ernährtet ihr euch „normal" direkt von Licht und von Schwingung. Logisch, wie sonst auch? (lacht) Mit fortschreitender Zeit begannt ihr dann langsam auch, euch von bestimmten Gewächsen, von Früchten, Obst und ähnlichen Dingen zu ernähren. Nicht unbedingt, weil ihr musstet, sondern weil es eine Lust war und es ja darum ging, ganz in die sinnliche Erfahrung einzutauchen. Eine Erfahrung, die in ihrer Form hier auf der Erde einmalig ist. In anderen Dimensionen sind wiederum andere sinnliche Erfahrungen möglich, welche es hier nicht gibt. Jeder Ort ist einmalig. Aber zurück zur Entwicklung eurer Ernährung hier auf unserem Planeten: Erst nach dem großen „Tabula rasa"-Moment, welcher eure bewusste Erdgeschichte einläutet, begann der Mensch, sich auch von Tieren zu ernähren. Es ist dies in keiner Weise verwerflich oder ein Makel. Viele hier waren etwas belustigt darob, da es eine sehr grobschlächtige Art und Weise der Verpflegung ist. Und vielen hier erschien es so, als ob ihr mit einem Zauberspruch belegt worden wärt, um dies überhaupt zu tun. Für die Tiere ist es jedenfalls kein Problem. Die Urseelen der Tiere haben ihre Einwilligung für dieses Spiel gegeben. Hätten sie dies nicht getan, hätten sie sich zurückgezogen und ihr wärt jetzt ohne sie hier. Das Fleischessen an und für sich stellt in den meisten Fällen kein Problem dar, über das „Wie" müssten wir uns allerdings noch unterhalten.

Und so traten wir in eine Phase ein, in der die Menschen ihre Ernährung auf Fleisch umstellten, ergänzt durch allerlei pflanzliche Zusätze. Die Lichtnahrung, welche in vorherigen Kulturepochen immer mitgespielt hatte, war plötzlich deaktiviert, die neuen Körper schwangen zu dicht, um sich direkt mit ihr zu verbinden: ihr wart gezwungen, an Knochen zu lutschen. Die darauf folgende Erfahrung, sein Essen als Teil einer kulturellen Identität zu entwickeln, gehört zu den ganz wichtigen und bedeutsamen Aspekten der „Menschwerdung" im großen, letzten Abschnitt der Menschheitsgeschichte. Jedes Volk spiegelt sich in der Zubereitung seiner Nahrung, seines Essens. Seine Speisen sind ein energetischer Ausdruck, eine Bestätigung seiner Identität, ein großer und bedeutsamer Spiegel. Alte und über lange Zeit entwickelte Riten und Prozesse sind an die Nahrung gekoppelt. Diese Riten und die Aufmerksamkeit, welche ihnen innewohnt, vermittelten dem Essen einen Nährwert, der mindestens so wichtig ist wie der „biologische" Nährwert der stofflichen Komponenten. Der tiefe Sinn dieses Prozesses war, die natürliche kosmische Lichtnahrung über eure Nahrung durch Achtsamkeit wieder zu erzeugen. Über die bewusste göttliche Gestaltung eurer Speisen hauchtet ihr dem stofflichen Essen Leben ein, so wie ein Gott etwas Neues erschafft. Ihr habt also über Jahrtausende intuitiv euer Leben belebt und beseelt. Ihr habt es kultiviert, da ihr spürtet, dass es zu einer wirklich nährenden Nahrung mehr bedarf als nur der Materie. Ihr habt geordnet und gestaltet wie Götter, seid euch dessen bitte bewusst. Und heute? Heute ist es so, dass die meisten Menschen in großem Überfluss Zugang zu Nahrung haben, die in ihrer Schwingung vollkommen entseelt ist und euch deshalb auch nicht nährt. Sie bringt euch um. Wie kleine Zombies frisst euch die Nahrung auf, anstatt euch zu nähren. Das klingt jetzt vielleicht etwas übertrieben, ist aber leider so.

Ein Großteil der heute verschlungenen Lebensmittel wird maschinell erzeugt, also nicht von einem bewussten Wesen in einem bewussten Prozess hergestellt. Jede Speise wird durch das Bewusstsein geprägt, von dem sie hergestellt wird. Euer Essen ist ein Datenstick, der euch mit sehr viel Information versorgt. Ihr seid verantwortlich für die Information, die ihr eurem Körper übergebt. Nie würdet ihr etwa freiwillig einen Virus in euren Computer einspeisen, aber eure Körper füttert ihr bereitwillig mit negativer Information, die dasselbe mit ihm tut wie ein Virus mit einem Computer. Und so möchte ich an dieser Stelle einen ersten grundlegenden Ernährungstipp abgeben: Esst nichts, was von einer Maschine ohne Zutun von Menschenhand produziert ist, weil wir uns da im Schwingungsniveau von maximal 0 befinden. Es ist dann besser, nichts zu essen. Abgesehen davon findet sich immer etwas anderes, zumindest bei euch. Und wenn ich dies sage, dann meine ich nicht, dass ihr gleich tot umfallt, wenn ihr ab und zu mal so etwas esst. Aber Menschen, welche sich ständig und ausschließlich von industriell produzierter Nahrung ernähren, töten sich quasi in ihrer Menschlichkeit ab. Ich kann nur nochmals betonen, wie hochgefährlich eine derartige Ernährung für Leib und Seele ist. Eure ideale Nahrung ist möglichst wenig verarbeitet und deshalb von Menschenhand gefertigt. Macht einfach einen weiten Bogen um Industriefutter, dann seid ihr auf der sicheren Seite, was eure Gesundheit im Körperlichen wie im Seelischen angeht. Nahrung dient euch auch dazu, bestimmte persönliche Schwingungseigenschaften zu „korrigieren". Manche von euch werden das Bedürfnis haben, kein Fleisch zu essen, weil sie gerne leichter werden möchten in ihrer Schwingung. Dies ist dann eine wunderbare Methode und funktioniert prächtig. Für andere wiederum, welche „von Hause aus" sehr fein und leicht sind, kann Fleisch eine hilfreiche Form von Erdung sein. Eine vegetarische Ernährung wäre eine Belastung für sie, weil sie dann quasi ständig ein bisschen „wegfliegen" würden. Fleisch hat die Eigenschaft eines Informationsträgers, und hier zeigt sich ein zusätzliches Problem eurer Zeit: Der größte Teil des produzierten Fleisches stammt aus Massen-Tierhaltung, wo die Tiere unter grauenhaften Bedingungen gehalten werden. Mit ihrem Fleisch nehmt ihr die

Information auf, welche sich dem Tier vor der Schlachtung aufgeprägt hat. „Mahlzeit", kann ich da nur sagen ...

Esst ihr also Fleisch von Tieren, welche eine würdige Haltung erfahren haben, dann gefährdet ihr euch dadurch überhaupt nicht. Nehmt ihr aber industriell hergestelltes Fleisch zu euch, dann solltet ihr euch im Klaren darüber sein, dass ihr euch mit negativer Information belastet. Ihr mögt dies vielleicht nicht bewusst spüren, aber fragt mal euren Körper, wie er das so findet ... Ihr erzeugt durch dieses Fleisch eine Resonanz mit einer Ebene, die euch in keiner Hinsicht wohl bekommt. Achtet also darauf, wo euer Fleisch herkommt, denn ihr setzt es ja in euren Körper ein. Überlegt euch mal, was ihr so esst ... Soll ich einen Eimer holen?

Essen gehört zu den ganz speziellen Dingen auf der Erde. Ihr sollt es genießen und diesem wundersamen und sinnlichen Vorgang die gebührende Achtung und Aufmerksamkeit entgegenbringen. Nun sind in den letzten Jahrzehnten viele neue Dinge entstanden, die ihr verspeisen könnt, und je mehr Nahrungsmittel ihr produziert, desto größer wird das Problem der Nahrung auf dem Planeten. Ihr produziert Millionen Tonnen von Getreide, um es durch Kühe durchzulassen, um dann die Kühe in verschiedenster Form zu verspeisen. Dies macht überhaupt keinen Sinn, die Ausbeute ist viel zu gering. Esst das Getreide besser gleich selbst. Denn ihr braucht sehr viel weniger tierische Produkte, als ihr es euch angewöhnt habt. Sie sind eine wunderbare Ergänzung, aber es macht energetisch einfach keinen Sinn, den ganzen Planeten mit Futter für Tiere zu bepflanzen, damit ihr nachher die Tiere futtern könnt. Am Ende kommt viel weniger raus, als ihr reingesteckt habt. Die Energiebilanz ist geradezu lächerlich. Grundsätzlich ist es so, dass die meisten neuen Erfindungen der letzten 100 Jahre in Bezug auf eure Ernährung schädlich sind. Es tut mir leid, aber es ist dies leider wirklich so. Allen voran steht der Zucker. Er ist mitunter das Gefährlichste, das ihr euch zuführt, weil er mittlerweile in allem steckt – und das auch noch in viel zu großer Menge. Das große Problem ist, dass sehr viele technisch gefertigte Nahrungsmittel Zucker enthalten (wir reden hier von zugesetztem Zucker und nicht von natürlichem Zucker). Das Problem ist, dass selbst eine kleine Menge energetisch bereits sehr stark „strahlt" und seine Information in euren Systemen wie eine Sperre funktioniert. Zucker blockiert eure Frequenz, quasi wie eine negative Medikamentation. Versucht, ihn wenn immer möglich zu vermeiden. Es gibt genügend Alternativen. Ein bisschen Zucker ab und zu bringt keinen um, aber die meisten von euch nehmen mit jeder Mahlzeit die „Zucker-Information" zu sich, und dies ist einfach Gift. Diejenigen von euch, welche den unbewussten Zucker-Konsum gewohnt sind, sind geradezu abhängig von ihm. Denn Zucker funktioniert wie eine Droge, und zwar in einem äußerst feinen und fiesen Bereich. Ihr torkelt nicht rum und lallt auch nicht wie nach zu viel Alkohol (auf den wir gleich zu sprechen kommen). Ihr könnt deshalb süchtig sein, ohne dass es jemand merkt. Niemand sagt: „Oh, Gott, wie schrecklich, er hängt am Zucker, er richtet sich noch zu Grunde!“ Nein, die Droge ist leise und salonfähig, sie bringt euch langsam und unbemerkt zur Strecke. Die Zucker-Information hat eine sehr lange „Halbwertzeit“. Und damit meine ich, dass ihr die Information nur relativ langsam aus euren Systemen heraus bekommt. Seid ihr aber grundsätzlich mal davon gereinigt und stabil, dann können eure Systeme wie gesagt von Zeit zu Zeit ein bisschen davon gut vertragen. Ihr sollt euch auch nicht davor fürchten, seid euch einfach bewusst, was Zucker in eurem Körper bewirkt. Es ist nun mal so, dass die meisten von euch in einer viel zu hohen „Zucker-Schwingung“ eingebettet sind.

Alkohol ist eigentlich sehr viel weniger gefährlich. Dies mag euch vielleicht erstaunen. Aber der Alkohol ist im Vergleich zum Zucker etwas „dumm“. Es kommt ihm, bei normalem Genuss, nicht in den Sinn, gleich eine „Hausbesetzung“ zu machen wie der Zucker. Alkohol hat eine sehr besondere Wirkung: In kleinen Mengen macht er leicht und etwas feiner. Nimmt diese Menge aber zu, vor allem über eine längere Zeit, so wird er zu einer Bleikugel. Es gilt beim Alkohol, sehr auf die Menge zu achten. Er ist wie ein Gast, mit dem man im ersten Moment großen Spaß hat, doch wenn man ihn nicht rechtzeitig wieder vor die Tür stellt, hat man nachher ein Problem. Ihr „braucht“ ihn auch nicht, er hat keinen „biologischen“ Nährwert. Jedoch finden wir bei den „alten“ alkoholischen Getränken wie Bier und Wein in hohem, geradezu alchimistischen Maße diese kulturelle Information, die ich zu Beginn angesprochen habe und die euren Speisen einen zusätzlichen Gehalt verleiht. Versucht, den Alkohol als zeremoniellen Begleiter zu sehen, als etwas Besonderes und nicht als etwas Selbstverständliches. Er ist auf keinen Fall ein Getränk im eigentlichen Sinne. Alkohol ist im wahrsten Sinne des Wortes ein Rausch- oder Genussmittel, welches, wenn mit Achtsamkeit getrunken, zu den kulturellen Schätzen eurer Zivilisation gehört. Genießt ihn! Wenn er euch schmeckt. Denn jeder sollte in letzter Konsequenz lernen, auf sich und seinen Körper zu hören. Ihr könnt nicht aus einem Buch erfahren, wie ihr euch ernähren sollt, es geht einfach nicht. Ich könnte an dieser Stelle noch so viel mehr schreiben, was gut ist und was weniger. Ihr müsst es mit eurem persönlichen und individuellen Körper selbst ausprobieren und ausmachen. In der Regel fühlt ihr euch wohl mit dem, was euch gut tut.

Aber manche Dinge, die euch schmecken, tun euch leider nicht gut. Kein Problem, wenn euer Körper mit 80 Prozent von dem, was er bekommt, zufrieden ist. Dann steckt er die anderen 20 Prozent locker weg. Es sollte einfach nicht umgekehrt sein. Gebt eurem Körper eine Basis, auf der er stabil und gesund sein kann. Viele von euch sind in einer unbewussten Phase, was die Ernährung angeht, da sie noch nicht herausgefunden haben, wie man die Schwingung eines Lebensmittels „diagnostiziert". Ihr werdet aber mit der Zeit lernen, Nahrungsmittel und Getränke einfach anzusehen und wie eine Farbe zu erkennen, ob sie euer Körper mag oder lieber nicht. Und ihr sollt euch auch nicht eine „gesunde“ Ernährung aufzwingen, weil Zwang immer unglücklich macht. Eine Ernährung ist dann gesund, wenn sie auf Respekt wie Einsicht basiert und wenn ihr ein gemeinsames Empfinden mit eurem Körper und nicht gegen ihn entwickelt. Lasst euch dafür bloß etwas Zeit. Wenn ihr einwilligt, in eine Harmonie zu kommen mit eurem Körper und euren Gelüsten, so könnt ihr euch schnell und einfach neu synchronisieren. Diese Überlagerungen und Erscheinungen sind neueren Datums und können leicht korrigiert werden – im Gegensatz zu den Ernährungsmustern älteren Ursprunges. In diesem Fall müsst ihr in der Regel maximal die Schwingungsinformation von zwei Generationen (die eurer Eltern und Großeltern) bereinigen. Für diejenigen von euch, die sich mit dem Gedanken tragen, bald Kinder zu haben (und ich meine damit nicht nur die Mütter, nein, das gilt auch für die Väter), denen würde ich es sehr empfehlen, vor der angestrebten Schwangerschaft den Körper diesbezüglich neu zu „formatieren“. Gerade auch wenn die gewünschte Schwangerschaft noch ausgeblieben ist. Das Essen stellt einen wichtigen und konstanten Teil eurer menschlichen Existenz dar. Und gerade weil es immer einen unumstößlichen Platz haben wird in eurem Leben, solltet ihr es genau betrachten und nach einer optimalen Lösung suchen. Und so wie ihr euch bei gewissen tierischen Produkten bedient, so versorgen sich gewisse außerirdische Spezies von bestimmten menschlichen Emotionen. Euer Planet ist seit Längerem umgeben von

Wesenheiten, welche sich von euren Ängsten ernähren und diese entsprechend schüren, um etwas zum Knabbern zu haben. Klingt pervers, oder? Ist es auch, finden wir! Aber wir wollen nicht bei Tisch über so widerliche Dinge sprechen. Wir tun dies dann bei nächster Gelegenheit.

Neue Gepäckregeln

Meet me on the highway
Meet me on the road
As long as you've got to travel
Don't you want someone to help you carry your load

Carole King „Carry your load"

Viele von euch mögen sich fragen, ob es einen Sinn macht, dass euer heutiges, sogenannt modernes Leben so kompliziert geworden ist und sich aus einer Reihe von scheinbar unknackbaren Nüssen zusammensetzt. Nun, ich möchte euch gerne erklären helfen, weshalb sich dies so gestaltet. Der Hauptgrund liegt in der Tatsache, dass ihr euch alle in einer Art „Abschlussprüfung" befindet und nicht wie in früheren Verkörperung bloß am Unterricht teilnehmt. In früheren Inkarnationen war es in der Regel so, dass ihr immer zur Bearbeitung eines bestimmten, eingegrenzten Themas auf dem Planeten wart. Jedes Mal nahmt ihr euch eine Lektion zum Lernen vor, die Spielsituation war nicht so komplex wie heute. Das soll nicht heißen, dass es vorher immer einfach war, versteht mich richtig. Nun ist es so, dass sich alle Seelen, welche sich im Moment auf dem Planeten tummeln, zur „Abschlussprüfung" angemeldet haben, um zu sehen, mit welchem Punktestand die Seele das Spiel „Planet Earth" abschließt. Ich muss an dieser Stelle nochmals darauf hinweisen, dass es nicht darum geht, dass die Erde vernichtet werden soll. Es geht schlicht und einfach darum, die Spielregeln, oder wenn ihr lieber wollt, die Hausordnung neu zu schreiben. Deshalb ist es nötig und auch sinnvoll, für jede und jeden zu bestimmen, ob dieser Ort auch in Zukunft für sie oder ihn geeignet sein wird, oder ob es besser ist, sich an einen anderen Ort zu begeben. Es gibt ja so viele Orte und Möglichkeiten. Und so finden sich viele, ich würde sogar sagen, die meisten von euch in einer Situation, in der sie nicht einfach eine Lern-Einheit absolvieren. Nein, sie befinden sich in einer Situation, in der es darum geht, alles jemals Gelernte gleichzeitig und dynamisch anzuwenden. Denn so wie sich die Erde als Planet auf den Abschluss einer „Epoche“ oder einer Schulstufe vorbereitet, so tut ihr dies auch. Ihr seid alle immer untrennbar mit der Befindlichkeit des Planeten, auf dem ihr lebt, verbunden.

Die Erde sendet eine Grundresonanz aus, in die ihr stetig eingebettet seid. Ihr erlebt die Nöte des Umbruches gemeinsam. Das heißt auch, dass ihr die Möglichkeit habt, sie zusammen zu bewältigen, wenn ihr offen seid und bereit. In dieser großen Überarbeitungsphase der Seele ist es nun so, dass ihr mit sehr, sehr viel Information aus eurem höheren Selbst versorgt werdet – und zwar in einer Form, wie es kein menschliches Wesen vorher je erfahren hat. Es ist dies eine vollkommen neue Technik und Arbeitsweise. Lasst es mich etwas genauer erklären, es ist dies zum

Verständnis eurer gegenwärtigen Situation sehr wichtig. Ihr besitzt alle, wie ich schon erwähnt habe, einen astralen Körper, welcher Träger eurer Emotionen ist. In den astralen Körper werden für jede Verkörperung die Emotionen hineingepackt wie in einen Rucksack, der euch eure emotionale Gestalt verleiht im Rahmen einer Verkörperung. Ebenfalls hinein kommen diejenigen Dinge, welche ihr anschauen, vertiefen und weiterverarbeiten wollt im nächsten Leben. Früher war es so, dass diese Bepackung für eine Verkörperung absolut war, da ihr nicht zwischendurch wieder hochgehen konntet, um nachzuladen. Dies war technisch undenkbar. Und die Schlafphase ist dazu auch nicht in der Lage, da ihr nicht weit genug in die Astralwelt eindringt des Nachts. Dieser Umstand gab einem Leben auch eine gewisse Beschaulichkeit. Wenn sich der Rucksack leerte, dann war die Aufgabe „gelöst" oder abgearbeitet. Die Papiere auf eurem Schreibtisch waren bearbeitet, der Chef brachte keine neue Arbeit, also war Feierabend! Heute hingegen ist es so, dass aufgrund der Neustrukturierung des Energienetzes, das für die Betreuung und Überwachung eures Planeten zuständig ist, und aufgrund der ständig ansteigenden Grundschwingung des Planeten ihr zum ersten Mal in menschlicher Form euren emotionalen Rucksack nachfüllt, während ihr hier unten seid. Von einem bestimmten Schwingungsniveau der Seele an geschieht dies automatisch und ihr könnt nichts dagegen tun. Es ist ein zusätzlicher Prozess in der Biologie eurer Seele und eures Körpers, wie wenn der Chef, in diesem Fall euer höheres Selbst, sieht, dass ihr euren Stapel auf dem Schreibtisch abgearbeitet und Kapazität für Neues habt. Und so wird euer Pult, respektive euer Rucksack, stetig neu aufgefüllt, und es ist kein Feierabend in Sicht ... (lacht). Nun, für die Seele ist dieser neue Prozess das geringste Problem, im Gegenteil, sie freut sich über die neu gewonnene Dynamik. Aber für euren Körper ist es gelinde gesagt eine gewaltige Umstellung. Er ist es nicht gewohnt, dermaßen umgebaut zu werden, während er am Laufen ist. Er war mit Folgendem vertraut: Zwei Wesen, mit denen ihr auf Seelenebene tief verbunden seid, sind so freundlich, für euch das biologische Material aufzubauen, das ihr für eine neue Verkörperung benötigt. Mehr oder weniger kurz vor der Landung auf diesem Planeten schlüpft die Seele mit aufgeschnalltem Astral-Backpack in den Körper (der Ätherleib ist von Anfang an beim stofflichen Körper), und dann geht der verrückte Trip los.

Nun seid ihr also ein paar Jahre und Jahrzehnte unterwegs auf eurer Reise hier und plötzlich merkt der Körper, wie er einen neu bepackten Astral-Rucksack umgehängt bekommt. Seine erste Reaktion ist: "Hey, halt mal, das muss ein Irrtum sein, ich wurde bereits kurz vor meiner Geburt emotional bestückt, das gehört nicht zu mir. "Tut es eben doch!" Es ist für euren Körper mitunter einfach sehr verwirrend. Lasst uns ein Beispiel geben: Ihr seid also hier inkarniert und habt es geschafft, um Mitte Dreißig alle anstehenden Aufgaben sehr gut zu bewältigen (dies hat nicht im Entferntesten mit Erfolg nach menschlichem

Verständnis zu tun!). Alte karmische Fäden sind aufgelöst und abgetragen, Neues gut in die Wege geleitet und angebaut. Nun werden von eurem Seelenzentrum in Absprache mit den Wesen, welche eure Lehrer und Berater in der geistigen Heimat sind, weitere passende Aufgaben „nachgeladen". Man sieht, dass ihr jetzt die optimalen Voraussetzungen habt, eine alte Erfahrung, die noch der Auflösung und der Heilung bedarf, anzunehmen und zu bearbeiten. Es ist dann in sehr vielen Fällen so, dass mit der alten emotionalen Information auch Erinnerungen an den damaligen Körper mit in eure Systeme gelangen. Das äußert sich konkret so, dass ihr Teile eures Körpers oder in manchen Fällen auch den ganzen Körper als verändert wahrnehmt. Oder ihr spürt plötzlich Emotionen in euch, die sich seltsam fremd anfühlen, als ob sie euch implantiert worden wären. Und dies sind sie ja auch, bloß sind es emotionale Implantate, die ihr von euch selbst erhaltet. Es ist dies sehr wichtig, zu verstehen und zu wissen. Viele von euch finden sich in Situationen wieder, in denen sie mit Gefühlen konfrontiert sind, von denen sie denken „das bin nicht ich", und dies kann sehr verwirrend sein. Ihr seid es eben doch selbst, nur spielt eine vollkommen neue Ebene in eure grobstoffliche Biologie hinein. Diese Prozesse führen oft auch zu Symptomen, welche von euch gegenwärtig gerne als „Burn-out" bezeichnet werden. Man muss da aber unterscheiden, denn es gibt verschiedene Ursachen bei diesem Phänomen. Häufig jedoch handelt es sich um den Eintritt in einen neuen Lebensabschnitt, wo das Hohe Selbst ein neues Programm installiert oder installieren möchte, je nachdem wie viel ihr zuzulassen bereit seid. Häufig wechseln in diesen Lebensphasen die Bedürfnisse vollständig. Es geht dann darum, sich zumindest teilweise neu zu definieren, die Seele bereitet einen Spurwechsel vor. Es ist sehr wichtig, auf diese Zeichen zu hören und sie sehr ernst zu nehmen, da dies den wichtigsten Teil unserer Eigenverantwortung darstellt. Es geht darum, warum wir überhaupt hier sind. Was andere von uns denken, erwarten oder was wir denken, was andere von uns erwarten (und wir uns genötigt fühlen, dies zu erfüllen), ist für die Seele nicht relevant. Diese emotionale Neubestückung oder Ergänzung eurer Körper ist quasi ein liebevoller Tritt in den Hintern, da es, wenn es geschieht, immer heißt, dass ihr eure Sache gut macht. Denn nur dann ist es möglich, diesen Spurwechsel zu vollziehen. Große Umbrüche werden von euch oft mit Furcht betrachtet, neue Aufgaben eher gemieden als gesucht. Es ist jedoch so, dass euch die geistige Welt, respektive das Hohe Selbst, nur dann neue Aufgaben schickt, wenn ihr in der Lage seid, diese zu meistern. Es ist immer eine Respektsbezeugung von oben, die heißt: „Ich ehre deine Fähigkeit, indem ich dir diese Aufgabe zukommen lasse, von der ich weiß, dass du ihr jetzt gewachsen bist.“ Es geht nie, aber auch wirklich nie darum, dass wir zermalmt werden sollen. Die Seele tut alles, um ihre Entwicklung zu fördern und zu unterstützen. Seid euch immer bewusst, dass ihr in allererster Linie mit euch selbst arbeitet und die Seele nur an eurer Entwicklung interessiert ist und *nie* an eurer Zerstörung. Wir haben uns während des Menschseins an kleine Kategorien, an kleine Perspektiven und enge Denkweisen gewöhnt. Dies ist der Grund, weshalb uns solche Veränderungen oft schmerzen, weil wir lernen müssen, alte Denkweisen, Ideen und Konzepte loszulassen. Was uns schmerzt in diesen Momenten, sind die Begrenzungen, die wir uns selbst auferlegt haben. Dies ist vollkommen menschlich, und diese Erfahrung ist sehr zentral und wichtig. Aber es geht in den großen Zügen darum, die alten, kleinen Konzepte gehenzulassen und euch in eurer großen Form wieder zu spüren. Es sind dies komplexe Prozesse, die stufenweise eingeleitet wurden und in den letzten Jahren sehr stark in Gang gekommen sind. Zum Ende des 19. Jahrhunderts hin wurde eine große Neustrukturierung der geistigen Welt, die sich am nächsten um euren Planeten legt, initiiert. Es war dies fundamental nötig, damit die Erde in den nächsten Wachstumsschritt gelangen konnte. Damit eure Körper langsam neue Prozesse aufnehmen konnten, musste erst der Planet energetisch neu strukturiert werden. Denn ihr seid komplett von der Atmosphäre, in der ihr lebt, abhängig – biologisch und energetisch! Durch diese neu erschaffene „Öffnung" aus der geistigen Welt zum Planeten hin ist sehr viel neue Information verschiedenen Ursprunges zu euch geflossen. Ihr verdankt die rasante technische Entwicklung des 20. Jahrhunderts schlicht und einfach diesem Umstand. So war es dann möglich, dass sehr viel alte Information aus Atlantis wieder zu euch finden konnte, und zwar in verschiedenster Form. Gewisse Dinge und Ideen lagen einfach „in der

Luft“ und wurden von inspirierten Wesen in menschlicher Form aufgegriffen und für euch formuliert. Andere wiederum haben direkt hohes atlantisches Wissen mitgebracht bei ihrer Geburt. Die Beschäftigung mit dem alten Atlantis stand für euch einfach an, so wie ihr jetzt individuell bestimmte alte Erfahrungen wieder anguckt, wenn ihr hier seid. Das neue Tor hat es aber auch neuen „Fremdenergien“ möglich gemacht, auf euren Planeten zu gelangen, und darüber werden wir uns bei anderer Gelegenheit eingehend unterhalten.

Ein zweiter wichtiger Eintrittspunkt der neuen Energie war die Hippie-Zeit in den 60er Jahren. Es handelte sich bei der Hippie-Bewegung um einen gezielten plejadischen Eingriff zur Frequenzkorrektur. Das plejadische Bewusstsein entschloss sich zu diesem nicht unumstrittenen Schritt aus Liebe, da es unser Mitgefühl für euch als Rasse und als Planet einfach notwendig machte. Einige unserer Widersacher sind außerdem ziemlich sauer, weil es so ein Erfolg war, tja ...

Ihr müsst dies richtig verstehen: Es geht um die Auslöser-Energie, die hinter dieser Bewegung steht und die eine gezielte Intervention zugunsten eures vitalen Überlebens darstellt. Sie setzte sich wie Kreise eines Steines fort, den man in ein Wasser wirft, und nahm verschiedene Formen an. Ab 1995/96 war es dann so, dass der Frequenzregler langsam und nun deutlich hochgedreht werden konnte. In diesen Zeitraum fiel die weite Verbreitung des Internets als stoffliches Abbild einer anderen Dimension, wie auch das Aufkommen der Mobiltelefonie, dem unsichtbaren Draht nach oben. Es sind dies materielle Sinnbilder einer geistigen Realität. Und es ist sehr wichtig, sich bewusst zu machen, dass sie etwas abbilden und etwas darstellen und nicht die Sache selbst sind! Sie können euch wunderbare Hilfsmittel sein. Jedoch stehen sie symbolisch für eine geistige Realität, die sich nun als stoffliches Bild einer anderen Dimension gezeigt hat. Es ist uns einfach wichtig zu zeigen, dass die Dinge nie zufällig passieren, dass es Zusammenhänge gibt und der Zeitpunkt des Erscheinens einer Erneuerung immer seinen Sinn hat. Ebenfalls in diese Zeit gehört die Ankunft einer neuen Seelengruppe auf dem Planeten: die sogenannten Indigo-Kinder. Die Indigo-Kinder sind etwas Hochinteressantes, da es sich um eine Seelengruppe handelt, die vor ihrer erneuten Verkörperung eine Spezialisten-Ausbildung erfahren hat an einem Ort, den man von eurer Perspektive aus als Zukunft betrachten könnte. Ihr könnt also durchatmen, das Spezialisten-Team ist bereits hier! (lacht) Nun, so wie ihr die Spezialisten seid für den Übergang und eure intensive Weiterbildung hier durchlauft in eurem jetzigen Leben, so haben die Indigo-Kinder ihre Zusatzausbildung in einer anderen Dimension absolviert. Dies erklärt auch bestimmte Eigenheiten und Eigensinnigkeiten dieser Seelengruppe, die einerseits sehr verständnisvoll und weise ist, aber auch äußerst rebellisch und wenig bereit, Grenzen zu akzeptieren. Denn sie kommen geradewegs von einem Ort von großer Weite und Freiheit, wo es in ihren Augen „enge Grenzen", wie sie der Planet hier bietet, schlicht und einfach nicht gibt! Hier seid ihr als Eltern gefragt, da man die kleinen Spezialisten wieder mit den Tücken des niederdimensionalen Käfigs vertraut machen muss, was nicht immer ganz einfach ist. Nicht wahr? Ihr seht also, dass diese erweiterte „Arbeitsbasis“ schon längere Zeit vorbereitet und eingeleitet wurde. Ihr befindet euch jetzt in der zentralsten Arbeitsphase, in welcher die Hohe Seele so viel Altes wie möglich nachliefert. Denn alles, was ihr nochmals anschaut, um es loszulassen, gibt euch ganz enormen Auftrieb. Diese Seelenarbeit ist so unvergleichlich fruchtbar und wertvoll, dass sie euch jetzt raketenartigen Schub verleiht. Ihr tut etwas, was ihr sonst ausschließlich zwischen Tod und nächster Verkörperung tun konntet und getan habt. Indem ihr „Ja“ sagt zu diesem anspruchsvollen Prozess, überarbeitet, erweitert und steigert ihr euer Bewusstsein in ganz ungemeinem Maße. Es ist, wie wenn ihr von einem alten Telefon-Internet-Modem auf Highspeed Wireless umstellt. Und das wollt ihr doch alle, oder? (lacht)

Du bist der Star!

We are stardust
Billion year old carbon
We are golden
Caught in the devils bargain
And we' ve got to get ourselves
Back to the garden
Joni Mitchell „Woodstock"

Nun, wie ich in vorangegangenen Kapiteln schon mehrfach erwähnt habe, legte sich bis vor etwa 150 Jahren ein sehr dichtes Band aus der geistigen Welt um die Erde. Es überwachte und synchronisierte alle eure Prozesse. Stellt es euch ein bisschen vor wie eine Grenzkontrolle, die genau kontrollierte, was raus ging und, vor allem, was rein kam. Dieses Frequenzband war eine große Erleichterung für euch, da es euch viele Verantwortungen abnahm. Wie Eltern, die, solange ihr Kinder seid, gewisse Dinge für euch erledigen, welche ihr aber dann später selbst übernehmen müsst. Und so war es dann auch, als euch mit der Lockerung dieses Netzes viele neue Verantwortungen und Aufgaben zufielen. Ihr müsst euch dieses Band als Zusammenschluss von technischen Installationen und Engelbewusstsein vorstellen. Sehr viele erhabene Wesen arbeiten mit einem Aspekt ihres Bewusstseins seit Äonen an dieser Einrichtung mit und helfen damit, euren Planeten in dieser Form zu stabilisieren. Das Wetter schlägt dermaßen aus der Norm, weil eben auch der Planet als solcher jetzt gewisse stabilisierende Eigenschaften selbst übernehmen muss. Seine eigene Veränderung kommt zusammen mit der Tatsache, dass ihr mit den diversen Substanzen, die ihr produziert und ausstoßt, eine komplett neue Situation schafft – für ihn und für euch. Dieses energetische Gitternetz – ich nenne es gerne „Earth Grid" (das Erdnetz) – war wirklich sehr feinmaschig. Es diente in der letzten euch bewussten Kulturepoche auch dazu, die hohe und feine Schwingung, welche aufgrund der verlangsamten Schwingung der Erde nicht mehr direkt einfließen konnte, wenigstens ein kleines bisschen hinab auf den Planeten zu schicken. In wohldosierten Portionen und in klug ausgedachten Formen, zum Beispiel indem man Feiertage einrichtete. Es war in älterer Zeit tatsächlich so, dass an bestimmten Tagen im Jahr höhere Energiestrahlen auf den Planeten gelangen konnten. Es wurde dies von Engelwesen und noch höheren Geschöpfen bewusst als ein Akt der Liebe und des Mitgefühls durchgeführt. Die Rhythmisierung und Koppelung dieser Energetisierungen an kosmische Gestirnsprozesse und Naturerscheinungen verstand die geistige Welt als Kommunikationsversuch mit euch. Sie sagten euch „Hallo" und suchten eine direkte Form der Kommunikation mit euch, indem sie versuchten, euch auf eurer Ebene zu begegnen, so gut dies eben möglich war. Und zwar taten sie dieses, indem sie sich in den Naturkreislauf hineinverwoben und dann an bestimmten Punkten im Jahr sagten: „Plopp, da bin ich!“ Es war ein Ringen in Liebe um Kommunikation mit euch, um zu sagen: „Hallo, übrigens, ich bin auch hier und kümmere mich um euch.“ Es konnte eine sehr große Kraft gewonnen werden über das bewusste Empfangen dieser göttlichen Energie-Kapseln im Jahreslauf. Aus unserer Sicht war es nötig, diese Momente hoher Energie-Übertragung zu gewährleisten, damit der Planet nicht schon früher in eine dunkle Frequenz hinein kippte. Es gibt verschiedene Kategorien dieser Frequenz-Peaks – oder Feiertage, wenn ihr lieber den romantischeren Begriff haben wollt. Es gibt absolute, welche an übergeordnete stellare Momente gekoppelt sind wie Sonnenwenden, Sonnenfinsternisse, Tag- und Nachtgleichen. Und es gibt volksspezifische, die sich über kulturelle Feste zeigen und über eine lange Zeit entwickelt haben. Die Feiertage, welche man in den dominanten Religionen findet, gehen eigentlich alle auf dieselben ursprünglichen Auslöser zurück und sind einfach anders übersetzt worden. Die Hintergründe, die Ursprünge waren wichtig.

Es ist also so, dass euch himmlische Wesenheiten in regelmäßigen Abständen mit hoher Energie versorgten, so wie ein Wärter im Zoo seinem Nashorn oder seinem Zebra in regelmäßigen Abständen etwas zum Fressen vorwirft, damit es ihm gut geht. Es ist ganz genau dasselbe Prinzip. Auch ihr kommuniziert mit Tieren über das Füttern, da ihr damit versucht, eine gemeinsame Sprache aufzubauen. Und dasselbe taten die Himmlischen mit euch. Viele von euch spüren, dass den Feiertagen heute keine elementare

Kraft mehr innewohnt und dass man eigentlich eine Erinnerung zelebriert. Es hat dies damit zu tun, dass nach der Vergrößerung der Maschen des „Earth Grid“ diese neue göttliche Energie nun gleichmäßig in die herrschende Schwingung einverwoben zur Erde geschickt werden kann. Man muss euch nicht mehr ab und zu füttern, man konnte euch nun an einen konstanten Tropf hängen. Die Himmlischen, welche diese Prozesse überwachten und steuerten, sind aus Liebe und Respekt, damit ihr euch weiterentwickeln könnt, ein Stück von euch und von der Erde weggerückt. Ihr habt damit ihre Kontrolle und ihren Schutz zu einem großen Teil verloren. Zum ersten Mal habt ihr richtig sturmfrei, was sich dann ja auch auf verschiedene Art und Weise gezeigt hat.

In früheren Zeiten war es so, dass es immer Menschen gab, die in der Lage waren, durch das Gitternetz hindurch einen Weg hinauf zu finden und eine Kommunikation mit den Himmlischen aufzubauen. Über Rituale, das Deuten von Wetter und Zeichen oder über das Einswerden des eigenen Bewusstseins mit der Natur. Es gibt der Techniken viele. Die große Masse der Leute war auf die Vermittlung und die Führung dieser Seher und Mystiker angewiesen, weil sie in die Bereiche sehen konnten, wo es für die meisten dunkel war. Diese Eingeweihten haben für die anderen mögliche Wege aufgezeichnet, Verhaltensregeln, die es ermöglichen sollten, sich zumindest ein bisschen der hohen Schwingung anzunähern. Diese hinterlassenen Anleitungen zur Beschreibung eines Wegs zu den Himmlischen finden wir in allen Kulturen und Zeiten und viele von ihnen haben sich verfestigt. Und genau darin sehen wir heute ein Problem. Die Weisen vergangener Zeiten formulierten Wege, die ihrer Kultur und ihrer damaligen Zeit entsprachen, welche heute noch von vielen Menschen wiederholt und zelebriert werden. Bitte verzeiht mir meine harschen Worte, ich spreche sie in Liebe und nicht in Bosheit: Die meisten davon sind alte Radios, die nicht mehr funktionieren. Entweder ist der Empfänger kaputt oder der Sender schon lange nicht mehr in Betrieb. In früherer Zeit war es möglich, einen spirituellen Weg aufzuzeichnen, der lange seine Gültigkeit behielt und gegangen werden konnte. Jedoch ist die Textur, die Beschaffenheit eurer heutigen Zeit so komplett anders, dass die alten Wege nicht mehr greifen. Viele von euch sind geneigt, aus einer Erinnerung heraus einem alten Pfad zu folgen, weil er euch vertraut ist. Die, welche dies tun, begeben sich dabei in Gefahr, stetig im Kreise zu gehen und sich in der Vergangenheit zu verlieren und diese zu konservieren. Man musste sich in alten Zeiten den Zugang nach oben teils wirklich erkämpfen. Es war so, dass man den Eintritt zu einer höheren Frequenz knacken und entschlüsseln musste, so wie man einen Safe knackt. Heute hingegen stehen euch alle diese Frequenzbänder weit offen. Viele vergeuden darum ihre wertvolle Zeit, indem sie, mit Schraubenschlüssel und Zange in der Hand, strebsam versuchen, Türen zu öffnen, die ihnen eigentlich schon weit offen stehen. Seht ihr, ihr ordnet euch in eine Tradition ein, da ihr denkt, die Zeit, die vor euch vergangen ist, wäre immer linear gewesen. Doch das war sie nie. Und wenn, dann nur über kurze Zeit hinweg. Seit Ende des 19. Jahrhunderts ist alles vollkommen anders im Vergleich zur vorangegangenen Zeitepoche. Es fand eine technische Revolution statt im Materiellen wie auch im Geistigen. So wie bestimmte himmlische Wesen, die euch lange versorgt haben, eure „Wärter", sich ein Stück verabschiedet haben, so habt ihr neue Personal Trainers bekommen, die euch jetzt auf ganz neue Art und Weise betreuen. Die „Religionen", die Betrachtungen des Geistigen, sind immer ein Spiegel der jeweiligen Zeit und Kultur, und es ist wichtig zu verstehen, dass ihr die technischen Neuerungen im Materiellen freudig begrüßt und angenommen habt. Doch was die Neuerungen im Geistigen angeht, droht ihr komplett stehen zu bleiben und euch in euren alten Ängsten und Konditionierungen zu verhaften. Religion – wenn sie richtig gemacht ist – heißt Freiheit. Wenn eine sogenannte Religion versucht, euch zu kontrollieren, euch unfrei zu machen oder zu halten, euch Dogmen von Angst und Furcht und Strafe zu predigen, dann haben wir es dort wohl in Wirklichkeit mit etwas anderem zu tun. Viele von euch haben das Bedürfnis, ein spirituelles Leben zu führen, und sind geneigt, sich in Techniken zu ergehen, die euch aus eurem eigentlichen Leben heraushalten. Das heutige schnelle Leben weckt in euch das Bedürfnis, zur Ruhe zu kommen. Also sagt ihr euch: „Ich kann mir in meinem hektischen Leben ab und zu die Zeit nehmen, mich einen Moment hinzusetzen, und mich der Illusion hingeben, dass mein Leben jetzt ruhig ist.“ Ist es aber nicht! (lacht) Es wäre effektiver, das Leben so umzugestalten, dass ihr in eurem Alltag stetig in eurer Mitte seid. Bitte versteht mich nicht falsch, ich habe überhaupt nichts gegen Meditation, es kann etwas ganz Wunderbares sein (ich praktizierte sie auch in großem Ausmaße in meinem letzten Erdenleben). Aber die Meditation birgt auch die Gefahr einer Flucht, wenn wir die Erkenntnisse daraus nicht wirklich in unser Leben einfließen lassen. Holt euch eure Inspirationen in allen geistigen Traditionen der Welt, beschnuppert sie, probiert sie aus, aber geht dann bitte unbedingt weiter. Seid erfinderisch und intuitiv, bleibt nicht in den Systemen, erweitert sie! Denn alle spirituellen Systeme werden erst dann für euch wertvoll, wenn ihr euer eigenes hinzufügt. Ihr selbst müsst diesen göttlich-kreativen Verwirklichungsschritt vollziehen. Eure „Religion“ kann nur die sein, welche ihr euch selbst erschafft. Wenn ihr ein fertiges Konzept einfach übernehmt, fahrt ihr schnurstracks an eurer eigenen Göttlichkeit vorbei. Ihr seid in der wunderbaren Situation, dass das Leben euch alles serviert, was ihr zu eurer Entwicklung und zu eurer sogenannt spirituellen Entwicklung braucht. Aber dies erfordert, dass ihr es annehmt. Und manche Äpfel, die das Leben bietet, sind eben ziemlich sauer für euch. Aber gerade die Sauren sind oft die ganz Wichtigen. Und wenn ihr lernt, die Angst vor den sauren Äpfeln zu überwinden, dann seid ihr auf dem besten Weg, große Meister zu werden. Ihr seid alle hier in einem Tempel oder einem Kloster, wie immer ihr es auch nennen wollt. Ihr müsst euch eure spirituellen

Wachstumsmomente weder suchen noch schaffen, ihr kriegt sie immer frei Haus geliefert, aber ihr müsst sie erkennen und annehmen. Euer Leben ist ein perfekter Film, und das Drehbuch ist für jeden absolut einmalig und nur auf ihn zugeschrieben. Ihr seid der Star in eurem eigenen Film. Und genau darin liegt die große Kunst: Es geht nämlich darum, die spirituelle Herausforderung eurer Zeit zu erkennen und anzunehmen, dass alles, was in eurem Leben geschieht, mit euch zu tun hat. Ihr erschafft die Situation, in der ihr euch befindet. Und das kann manchmal ziemlich hart sein, ich weiß. Aber genau das ist der Schlüssel. In Momenten, in denen wir strahlen wie eine Sonne, ist es für euch leicht annehmbar, dass ihr dies selbst auslöst und verantwortet. Aber wenn wir am Boden sind, psychisch, körperlich oder beides gleichzeitig, tja, dann sieht die Sache ganz anders aus. Aber gerade in diesen Momenten liegt die große Kraft. Es sind dies die sogenannten Auferstehungsmomente. Wenn wir uns die Kraft erlauben, uns aus solchen Momenten zu erheben, und den Mut finden aufzustehen, dann kommen wir in verstärktem Maße in Kontakt mit dem Göttlichen in uns. Dies geschieht in einer Form, die uns vollkommen verwandeln kann. Uns anzunehmen, wenn wir in unseren Augen schwach sind und versagt haben, darin liegt Verwandlung, und zwar in einem geradezu übermenschlichen Maße. Es gibt Menschen, die sich um ihre spirituelle Entwicklung so viele Gedanken machen, dass sie kaum vom Fleck kommen, und andere, die sich eigentlich keinen Deut darum scheren und sehr flott unterwegs sind.

Ich möchte damit nur sagen, dass es in keinem Falle auf irgendwelche äußeren Zeichen und Merkmale oder auf die Einhaltung bestimmter Verrichtungen ankommt. Ihr müsst zu euch selbst finden, jenseits von Ansprüchen, Verpflichtungen und Traditionen. Ihr bewegt euch in alten Systemen, seid aber selbst vollkommen neu, und es ist eine Grundeigenschaft eurer Zeit, dass ihr alle alten Systeme transzendieren und verändern sollt (oder in diesem Falle müsst), um in dieser Form fortbestehen zu können. Es braucht eine vollständige Veränderung, damit es weitergeht. Sowohl im Individuellen wie auch im Kollektiven. Die alten Wege und Traditionen sind zu wenig dynamisch, sie sind Ornamente geworden, welche als Werkzeug nicht mehr richtig taugen.

In eurer Zeit darf es nicht sein, dass sich zwei Parteien streiten oder gar bekriegen um eines Gottes willen, der sie entzweit. Wer sich wegen einer Religion bekämpft, ist ziemlich sicher in der „Klaue des Bösen“, da kein erleuchtetes Wesen je verlangen würde, dass in „seinem“ Namen Zerstörung praktiziert wird. Sehr viele von euch sind noch in diesem alten Drama gefangen. Dies bindet immer noch sehr, sehr viel Energie, zu eurem mehr als großen Schaden. Ihr müsst unbedingt lernen, diese auf sogenannten Religionen basierenden Dramen zu deaktivieren. Es ist dies eigentlich ganz einfach. So wie ihr euch auf persönlicher Ebene entschließen könnt, ein Drama zu beenden, so ist dies auch auf kollektiver Ebene möglich. Es müssen dazu nur genug Seelen bereit sein, damit sich ihre

Entscheidung auswirkt. Seid euch dieses Prozesses sehr bewusst. Ihr seid auf einem guten Weg, jedoch fühlen die alten Energien, dass es ihnen ans Eingemachte geht, und sie wehren sich, indem sie versuchen, neue Dramen zu installieren. Sie haben euch über Jahrhunderte beigebracht, dass man immer die Unterschiede sehen soll und nicht die Gemeinsamkeiten. Auf diese Weise haben sie euch in eine schwache und unsichere Grundhaltung dem Leben und dem Kosmos gegenüber gebracht und versuchen, euch dort zu halten. Es wird eine Weile dauern, bis ihr diesen alten Fesseln ganz entwachst. Ihr solltet aber unbedingt, so fest ihr könnt, schon mal an den Fesseln rütteln, damit sie sich lockern und ihr euch immer mehr bewegen könnt. Überall, wo man euch mit Angst einschüchtern will: Vorsicht! Da arbeitet jemand in seinem Interesse gegen eure Freiheit. Die alten institutionalisierten Religionen sind in allererster Linie Verwalter von Macht und haben mit Spiritualität rein gar nichts gemein, im Gegenteil. Weshalb sollte eine „religiöse" oder spirituelle Vereinigung Interesse haben an weltlicher Macht? Was, bitte schön, hat das miteinander zu tun? Was ein Mensch glaubt oder nicht, tut doch gar nichts zur Sache, es ist seine intime Angelegenheit, genauso auch, wen er liebt. Ihr habt Jahrhunderte verbracht, euch gegenseitig zu bekämpfen wegen derartiger Dinge, und es war eine gewaltige Verschwendung von Kraft und Ressourcen. Wenn ihr es schafft, ein neues Gefühl von Menschsein oder Menschheit zu entwickeln, dann heißt das, dass ihr diesen alten Film aus dem Projektor nehmen sollt. Nehmt den alten Verwaltern eurer Eigenmacht und eures freien Willens das Zepter aus der Hand und sagt: „Danke, ich mache das von nun an selbst." Es geht so einfach, viele von euch denken, es sei unmöglich. Geht nicht in ein Kloster, zieht euch nicht zurück, ihr braucht euch hier, in eurem Leben. Versucht, euch ganz auf euer Leben einzulassen. Habt die Emotionen, die ein Mensch hat, versucht nicht, ein stiller, glatter See zu sein. Lernt auf eine neue Art, mit euren Emotionen umzugehen, zu hören, was sie euch zu sagen haben. Aber habt bitte eure Emotionen und tragt darum nicht Dramen aus, die irgendwelche Gruppierungen euch eingeimpft haben und die ihr wie ein Soldat brav und gehorsam ausführt. Die große spirituelle Kunst der heutigen Zeit besteht darin, sich seinen Emotionen wirklich zu stellen und sie nicht wegzudrücken, weil sie unbequem sind oder schmerzen. Geht mit ihnen so um, dass sie weder euch noch anderen schaden. Es erfordert eine große und bewusste Introspektion (Selbstbeobachtung), welche einen großen Reinigungsvorgang in Gang bringt. Sortiert eure Emotionen sorgfältig, bevor ihr sie einfach nach außen weitersprüht und so alte Dramen und Geschichten weiter in eurem Film verankert. Ihr seid alle Prismen, durch die das Licht bricht, und was ihr als Prisma projiziert und nach außen gebt, das wird wieder zu euch zurückkommen. Ihr wachst gerade immer näher in den kosmischen Urzustand des Nicht-Getrenntseins rein, und ihr übt dies, indem ihr immer deutlicher spürt, dass euch eure Umgebung widerspiegelt. Ihr reflektiert alle noch unterschiedlich, je nachdem wie klar ihr seid und um welchen Bereich es sich handelt. Aber ihr seid alle unterwegs zu dem Punkt, wo sich dieser Vorgang des Aussendens und Reflektierens so verkürzt, dass er auf einen Punkt zusammenfällt.

Beute

He licked his lips
Said to me
Girl you look good enough to eat
Put his arms around me
Said "Boy now get your paws right off me"

Lady Gaga „Monster"

Nun, meine Lieben, ich denke, es ist an der Zeit, etwas über das, was ihr gemeinhin als Gut und Böse bezeichnet, zu sagen. Es ist dies ein uraltes Thema und beschäftigt alle von euch in einer oder mehreren Formen. Jedes Wesen unterliegt seiner eigenen Perspektive und macht sich seine eigene Vorstellung von Gut und Böse in Bezug auf seine eigene und individuelle Realität. So gibt es darum auch keine absolute und allgemeingültige Realität, jeder erschafft und erlebt seine eigene. Ist es denn also überhaupt möglich, etwas Absolutes und „Objektives" über das sogenannte Böse zu sagen? Ja, in unseren Augen ist dies möglich. Wenn wir davon ausgehen, dass sämtliche Wesen, die diesen Kosmos in irgendeiner Form und auf irgendeinem Schwingungsniveau bewohnen, zu ihrer Vervollkommnung hinstreben und sich mit ihrer fortwährenden Entwicklung beschäftigen, dann können wir sagen, dass das Böse oder das Negative dort zu finden ist, wo es sich als bewusste Gegenkraft dieser Entwicklung als Schranke entgegenstellt oder absichtlich als Bremse in diesem Prozess wirkt. Es gibt weite Bereiche des Universums, denen es nie, aber auch wirklich gar nie in den Sinn kommen würde, sich der voranschreitenden Entwicklung einer Seele in den Weg zu stellen, um diese am Vorankommen zu hindern. Dies ist nämlich ein Verstoß gegen eine der wichtigsten kosmischen Ur-Regeln (auf die wir noch zu sprechen kommen werden). Im Gegensatz dazu gibt es weitere „Abteilungen" in der geistigen Welt, die komplett kleinräumig und profitorientiert denken und sich nur darum kümmern, was es gerade im Moment abzuholzen gibt. Man muss dazu eine wichtige Unterscheidung betrachten: Es gibt einen fundamentalen Unterschied zwischen Fehlern, die jedes Wesen im Laufe seiner Entwicklung macht, und absichtlich „bösem" Handeln. Es ist die Haltung, die hinter einer Tat steckt, welche darüber entscheidet, wie sie sich zu Buche schlägt (und dies gilt grundsätzlich und nicht nur für das sogenannte Böse). Wenn wir nun die Situation eures Planeten Erde anschauen, ist es so, dass die Erde lange nicht in Kontakt mit den Gegenkräften war, als sie noch jung, fein und duftig war. Es ist ja so, dass sich Schurken normalerweise eher weniger für Babys interessieren. Doch mit voranschreitender Zeit wurde dies dann anders. Die Erde hat ausgestrahlt in die Weiten des Kosmos, und man hat gesehen, dass sie ein besonderer Ort von hohem Wert ist und dass man sich dort vieles holen kann, wenn man sich traut. Und so fand sich dann doch eine ganz beträchtliche

Anzahl von Wesenheiten unterschiedlicher Herkunft um euren Planeten ein, die euch nicht mit Liebe begegnen, sondern die euch als Futtermittel und Rohstoff betrachten.

„Ja, gut, aber ich meine, es ist ja niemand so bescheuert, dass er sich mit denen einlässt", hören wir ein paar von euch sagen. Habt ihr eine Ahnung!! Es gab Zeiten, in denen man als euer treuer Wärter fast die Nerven verloren hätte, hätte man welche gehabt! (lacht). Wenn ihr einem Tier eine Falle stellen wollt, dann ködert ihr es mit etwas, was es mag und was ihm gefällt. Und genau so hat man es mit euch gemacht. Es war super einfach. Ihr wart jung, neugierig, unerfahren wie gutgläubig und „zack!" wart ihr in der Falle. Und ihr seid immer noch dabei, euch daraus zu befreien, was sehr viel länger dauert, als in die Falle hineinzutappen. Die Widersachermächte sind euch so vertraut und so „gemein" geworden, dass ihr erst wieder lernen müsst, sie zu erkennen. Sie sind vollkommen präsent in euer aller Alltag. In euren Systemen, in eurem Essen, in euren Traditionen und Ritualen. Sie sind ein Teil von euch, oder besser gesagt: ihr seid ein Teil von ihnen geworden. Und solange dies so ist, wird euch ein Teil des Aufstieges, zu dem ihr unterwegs seid, nicht möglich sein. Es ist nicht nötig, dass ihr alle diese Widersacherkräfte im Detail persönlich kennen müsst. Aber ihr solltet Bescheid wissen, wie sie wirken und was ihre Interessen sind. Es handelt sich bei der einen Gruppe um technisch sehr weit entwickelte Wesen aus einer Dimension, die euch als eine

Form der Zukunft erscheinen könnte. Sie sind hoch technologisiert auf der einen Seite, jedoch haben sie alles, was irgendwie mit Emotionen zu tun hat, vor langer, langer Zeit verloren. Und irgendwie fehlt ihnen etwas, doch sie bekommen es selbst nicht mehr auf die Reihe. Und was tut man dann? Richtig, man sucht sich einen Ort, wo man sich das holen kann, was man will respektive braucht. Sie wollen eure Emotionen. Euer Glück und eure Freude interessieren sie nicht. Damit können sie nichts anfangen, nein. Sie sind ganz verrückt nach euren Ängsten. Und so wie eine Kuh Milch oder ein Huhn Eier erzeugen müssen, so sollt ihr für sie Ängste produzieren, von denen sie sich dann nähren. Sie versuchen, das Wunder eurer menschlichen Emotionalität zu begreifen, aber es gelingt ihnen nicht, da sie es von einer komplett falschen Seite aus angehen und betrachten. Indem sie euch durch das Produzieren von Angstgefühlen bei eurem Freiwerden und Aufsteigen in eine höhere Frequenz behindern, wird diese Energie von euch frei und kommt ihnen zu. Es ist ein schwarzmagischer Prozess, der tief in eurer Zivilisation verwoben und einer der hauptverantwortlichen Faktoren für das Entstehen von körperlicher Krankheit ist. Das Aus-sich-Herausfaulen habt ihr von ihnen übernommen. Eigentlich könntet ihr euch ganz einfach ihrem Einfluss entziehen. Sie sind an mehr als einem Punkte komplett schwach und verwundbar. Ihr könntet sie mit eurer Liebesfähigkeit mit einem Augenzwinkern vaporisieren. Denn sie können dieser Frequenz nicht standhalten und würden den ganzen Planeten wie eine heiße Kartoffel fallen lassen. Nur haben sie euch so geschickt (naja, mehr oder weniger) glauben gemacht, dass ihr böse seid, wenn ihr frei und liebend seid. Viele von euch sind schon auf gutem Weg zu ihrer ursprünglichen göttlichen Freiheit und Liebesfähigkeit. Es gibt jedoch noch einen großen Teil, der fügsam in einer Reihe freiwillig ins Schlachthaus marschiert. Dies, weil sie brav sein wollen und es ungehörig finden, dass andere Schafe aus der Reihe getanzt sind und nun irgendwo auf einer hübschen Wiese rumtollen. Aber, ihr Lieben, dies ist ein Universum des freien Willens! Wenn ihr euren freien Willen nicht lebt, dann wird es jemand anderer für euch tun. Ihr müsst den Mut haben, eure Verantwortung selbst in die Hand zu nehmen und zu leben. Und auch, den Mut und das Vertrauen in euch zu setzen, dass ihr es gut machen könnt und dass ihr das notwendige Wissen in euch selbst spürt. Ihr könnt erst einer äußeren Orientierung folgen, wenn ihr euch ganz klar und deutlich wahrnehmt und spürt. Dann fühlt ihr, auf welcher Frequenz *ihr* sendet und zu wem *ihr* passt. Zuallererst braucht ihr Klarheit darüber, wer ihr seid. Euer Recht auf freien Willen erlaubt es euch, nachzufolgen, wem ihr wollt. Wir dürfen und wollen niemanden „retten" oder auf die Seite ziehen, welche von uns aus gesehen die Richtige ist. Aber ihr alle habt das kosmische Grundrecht, zu entscheiden, dass es für euch so nicht mehr stimmt. Und auch wenn ihr mit dieser Entscheidung alleine auf weiter Flur stehen solltet und es bisher für lange Zeit für euch so in Ordnung war: Nehmt euch eure persönliche Freiheit, zu fühlen, was ihr fühlt. Das klingt geradezu banal, hat aber eine große Sprengkraft. Ihr müsst nicht euer Leben im Außen ändern, ihr müsst keine Waffe in die Hand nehmen. Die alten kriegerischen Wege sind alle Ausdrucksformen der Gegenkräfte. Ihr habt in eurem Ursprung nichts mit ihnen gemein. Habt den Mut, euch von diesen alten Formen komplett und vollständig zu distanzieren. Ihr müsst auch niemanden von euren Ansichten überzeugen, denn es sind *eure* Ansichten. Dieser Schritt wird euch frei machen und ihr werdet ein „Baustein" von unschätzbarem Wert und Qualität für den ganzen Planeten und seinen Prozess werden, weil ihr dann ein absolutes Unikat seid und eurer Essenz so nahekommt, wie es überhaupt möglich ist. Habt keine Furcht vor Liebe und Schönheit. Wenn ihr einmal soweit seid, dann seid ihr für immer eine heiße Kartoffel und bleibt unangetastet. Eine große zelluläre Neuordnung wird dann beginnen, und alte Blockaden werden sich sanft auflösen, es ist so, wie wenn ihr einfach langsam in ein neues Bewusstsein hinein erwacht.

Etwas ganz, ganz Wichtiges im Umgang mit dem sogenannt Bösen, den Gegenkräften, ist es, das Böse nicht mit seinen Mitteln zu bekämpfen. Unter gar keinen Umständen. Denn dadurch begebt ihr euch auf seine Ebene und bestätigt es dadurch. Die richtige Methode besteht darin, bewusst nicht in Resonanz zu gehen mit ihm. Bekämpft ihr es, dann bekommt es, was es will. Wenn ihr jedoch ausstrahlt, auf dieser Frequenz nicht zu senden, dann werdet ihr euch auseinanderdividieren, da es keine

Gemeinsamkeit gibt. Es ist gar nicht anders möglich. Zurückschießen funktioniert als Verteidigung nicht, nein. Es ist eine Einladung weiterzukämpfen. Es sind dies sehr komplexe Sachverhalte, und ihr sollt diesbezüglich langsam wieder in eine kosmische Achtsamkeit zurückfinden. Ihr hattet ursprünglich ein komplett gewaltfreies Verhalten. Versucht euch dessen bewusst zu werden und es anzunehmen. Es ist dies der erste Schritt, offen zu werden für eine gewaltfreie Version der Realität. In den Prozessen eures gegenwärtigen Umbruches wird sehr oft noch mit Gewalt auf Gewalt reagiert, und die Spirale dreht sich dann so weiter. Für den Ausstieg aus diesem Teufelskreis braucht es großen Mut und große Klarheit. Diese Klarheit und Ruhe zu finden, ist in diesen Zeiten eine große Herausforderung für euch alle. Aber sie ist der einzige Weg. Es geht darum, Dramen zu beenden, ohne neue zu schaffen. Wenn euch dies gelingt, dann habt ihr ein First-Class-Ticket ins Meisterbewusstsein.

Demut, Dankbarkeit, Mitgefühl: Drei Kosmische Schlüssel

I think about us lying
Lying on a beach somewhere
I think about us diving
Diving off a rock, into another moment
Kate Bush „Moments of pleasure“

Meine Lieben, wenn wir eure Situation genau betrachten, so seid ihr in einem Stahlkäfig gefesselt und weggepackt. Eure Aufgabe besteht nun darin, euch zu befreien. Erst runter mit den Ketten, dann raus aus dem Safe. Die Schlüssel habt ihr bei euch, aber wie bloß kommt ihr an sie ran? Darüber wollen wir uns heute unterhalten.

Es ist so: Wenn ihr einen großen Schritt in Richtung eurer kosmischen Herkunft machen wollt, dann solltet ihr euch zuerst einmal auf ein paar grundlegende kosmische Prinzipien und Funktionsweisen einlassen. Ihr kennt sie aus eurer geistigen Herkunft, sie finden im ganzen Universum ihre Anwendung. Der erste dieser kosmischen Schlüssel ist die Dankbarkeit. Sie ist ein universelles Heilmittel, ein großer kosmischer Transformator. Die Dankbarkeit ist euch in ihrer kleinen und abgeschwächten Form natürlich bekannt. Erhaltet ihr etwa ein Geschenk, etwas, das ihr euch gewünscht habt, oder erfahrt ihr Rettung in der Not, dann quittiert ihr diesen Erhalt mit einem Gefühl, welches ihr Dankbarkeit nennt. Jedoch wird diese Emotion in einer grundsätzlich tiefgreifenderen Form gelebt. In ihrer großen Form ist die Dankbarkeit aber eine schwierigere Übung, zumindest am Anfang. Versucht, Dankbarkeit zu empfinden für alles, was euch widerfährt. Denn nicht nur das „Gute", oder besser gesagt, das in euren Augen Angenehme ist es, was euch zurück zur Quelle transportiert. Es sind gerade auch die schwierigen Erfahrungen, um deretwillen wir diesen Planeten aufsuchen. Durch sie müssen wir hindurchgehen, um wieder Freiheit zu erlangen. Also seid dankbar für alle Erfahrungen, mögen sie noch so schwierig und schmerzlich sein. Es ist dies ein Prozess, und es wird niemandem auf Anhieb so richtig gelingen, und das ist auch in Ordnung. Das liegt in der Natur der Sache. Es geht darum, sich auf dieses Prinzip einzulassen. Quittieren wir alles, was uns widerfährt, mit einer Dankbarkeit, bejahen wir damit den Schulungsprozess, in dem wir uns befinden. Es setzt eine neue Dynamik ein, vergleichbar mit einem Diamanten, der zunächst roh und ungeschliffen ist, der aber mit jeder Erfahrung einen neuen Schliff erhält, bis er respektive wir am Ende des Prozesses vollkommen veredelt sind und funkeln. Während an uns gefeilt und geschliffen wird, wissen wir manchmal nicht, wie uns geschieht. Aber wir müssen dies auch nicht immer wissen, es gibt andere, die dies tun. Unsere Aufgabe ist es, den Prozess anzunehmen, denn deshalb sind wir ja alle hier, nicht wahr, meine Lieben?

Wenn wir unsere erste Übung haben mit der universellen Dankbarkeit, so entsteht in uns ein neues Grundgefühl: die Demut. Demut hat überhaupt gar nichts damit zu tun, sich in den Staub zu werfen, die Augen zur Erde gerichtet zu haben und in ständiger Furcht zu sein, es könnte einem ein zürnender Gott jetzt eben mal so den Himmel auf den Kopf fallen lassen, weil er gerade schlechte Laune hat ... (lacht). Nein! Demut heißt vielmehr, im ständigen Bewusstsein zu leben, dass ihr hier ein konstantes Wunder erfahrt, das ihr nicht immer versteht (weil es über das menschliche Verständnis herausragt). Demut bedeutet auch, dass ihr immer mehr spürt, dass ihr in ein unteilbares Ganzes eingewoben seid. Seht ihr, wenn ich euch nur einen kleinen Moment direkt erleben lassen könnte, was für uns hier normaler „Alltag" ist, dann würden sich alle Erklärungen und alle Bücher der Welt erübrigen. Es wäre euch so klar und niemand könnte verstehen, wie ihr je aus diesem Urgefühl des Mit-allem-eins-Seins hinausfallen konntet (ihr konntet, weil ihr wolltet, ihr wusstet auch noch, wie ihr euren freien Willen benutzt). Wir leben oder schweben, wie ihr lieber wollt (lacht), hier in einem konstanten Zustand von kosmischer Demut. Wir sind quasi alle „high" davon. Und ich möchte noch einmal betonen, dass kosmische Demut nichts mit „niedrig sein" oder mit „im Staube liegen" zu tun hat. Es geht darum, der göttlichen Erscheinung direkt ins Auge zu schauen. Wir kommen so in einen kosmischen Float-Zustand (was in unseren Sphären, wie gesagt, der natürliche Zustand ist). Und ihr könnt es hier auch schon mal üben. Es gibt kaum etwas, was so angenehm und erhebend ist, und ihr tut etwas für euch und für den ganzen Planeten. Setzt einfach beim Empfinden der Dankbarkeit an. Versucht immer wieder, ob es euch möglich ist, wenn euch etwas Schmerzhaftes widerfahren ist, wenn ihr das Gefühl habt, ihr seid ungerecht behandelt worden, dieses Gefühl von Dankbarkeit zu finden. Dankbarkeit dafür, dass die Person, die euch verletzt hat, genau die Rolle spielt in eurem Film, die sie muss, damit ihr die Erfahrungen machen könnt, die ihr braucht, um ein perfekter Diamant zu werden. Und wenn zunächst noch mehr Wut und noch mehr Zorn in euch aufsteigt, Zorn, dass ihr jetzt zu allem auch noch Dankbarkeit empfinden sollt (!!!), dann ist das o.k. Lasst diesen Zorn erst mal zu. Er muss in diesem Fall hinaus. Aber fallt, wenn er mal ein bisschen verraucht ist, nicht in eine alte Opfer-Haltung, indem ihr denkt, dass euch Böses widerfahren ist. Nein! Seid stolz auf euch, dass ihr versucht, mit euren besten Kräften diese Situation zu meistern. Seid nie Opfer! Und um dies zu lernen, müsst ihr manchmal durch Situationen gehen, in denen ihr denkt, ihr wärt Opfer, um zu lernen, dass ihr es eben nicht zu sein braucht. Die Dankbarkeit ist ein großer Transformator, und sie führt euch immer mehr in den grundlegenden Zustand der kosmischen Demut. Demut impliziert Freude, Leichtigkeit und Glück. Sie ist ein heller und klarer Zustand. Und wenn ihr euch so langsam in der Demut behaglich eingerichtet habt und euch mehr und mehr damit angefreundet habt, dass euch manchmal Dinge begegnen in eurem Film, auf die ihr eigentlich weniger Lust habt, sie aber annehmt, weil sie ein Teil von euch sind, dann seid ihr immer mehr in der Lage, auf andere mit Milde zu blicken. Ihr verurteilt euch dann nicht mehr für das, was euch das Leben bringt. Und dann sind wir in der Lage, Mitgefühl für jemand anderen zu empfinden. Wenn wir mit uns selbst nicht entspannt sind, wenn wir uns ständig verdächtigen, dass wir „schuld“ sind an diesem oder jenem, was uns unser Leben auftischt, dann werden wir den anderen auch mit diesem Argwohn begegnen. Tatsache ist: Wir tragen keine Schuld, wir tragen Verantwortung. Sind wir einmal frei von diesem Schuldgefühl, diesem Argwohn, können wir erkennen, dass der andere auch ein Star ist in seinem Film und wir uns alle in denselben Prozessen bewegen. Wir wissen, wie es sich anfühlt, in einer schwierigen, vielleicht existenziellen Krise zu stecken, und dass es mehr Kraft brauchen kann, als wir zu haben glauben. Und wenn der andere sich entschließt zu leiden, dann bringt es nichts, wenn wir ihn beim Leiden unterstützen. Aber vielleicht können wir ihm Wege aus dem Leiden heraus aufzeigen oder vorleben, wenn er oder sie dafür bereit ist. Und wenn nicht, dann solltet ihr diese Grenze akzeptieren. Mitgefühl ist das Bewusstsein dafür, dass jeder gemäß seinen Kräften für sich einsteht und sein Bestes gibt auf seiner Bahn und wir jedem die Freiheit lassen, für sich zu entscheiden, wie er verfahren will. Mitleid hingegen ist immer eine vollkommene Energieverschwendung für die Person, die wir eigentlich unterstützen wollen. Wir trösten in diesem Fall uns selbst. Das Thema rührt etwas in uns an, welches noch nicht gelöst ist, und es hat nichts mit dem Gegenüber zu tun, sondern ausschließlich mit uns. Wir fürchten uns vor dem, was dem Anderen widerfahren ist, und die Angst, dass es auch uns treffen könnte, lässt uns leiden. Leiden hilft nie jemandem in keiner Weise. Und es gibt auch keine „gut gemeinte" Form von Leiden. „Gut leiden" existiert nicht. Aber es gibt das Erkennen des Weges des Anderen. Und wenn wir unseren eigenen Weg oder Film annehmen und damit ehren, dann sind wir wirklich hilfreich, ohne dass dies unsere primäre Absicht gewesen wäre. Es entsteht dann aus sich selbst heraus – wie eine Blume, die blüht. Eine Knospe denkt sich auch nicht: „So, ich mache hier jetzt mal ein bisschen Show, damit die anderen auf mich aufmerksam werden." Nein, sie verhält sich einfach so, weil sie es sich selbst schuldet. Sie ist vollkommen in ihrer eigenen Verantwortung und ist dadurch ein kleines Wunder.

Neben den vorrangig erwähnten kosmischen Schlüsseln Dankbarkeit, Demut und Mitgefühl, möchte ich noch einen sehr wichtigen und besonders schönen Schlüssel besprechen. Es ist ein Schlüssel, der euch gezielt als Instrument für diesen Planeten gegeben wurde. Er wächst aus der Dankbarkeit heraus und heißt: „Hingabe an das Gegebene". Und wie ihr seht, steht schon im Titel eine ganz zentrale Aussage. Es geht darum, in der Polarität immer das Bewusstsein für die Ganzheit zu suchen im Wissen, dass die Trennung eine Illusion ist, auch wenn sie euch im Hier und Jetzt als Realität erscheint.

Was meine ich mit „Hingabe an das Gegebene"? Nun, in eurer sehr wohlständigen und scheinbar sehr sicheren Gesellschaft sind sich die meisten von euch des Wertes vieler Dinge, die euer Leben mit einer Selbstverständlichkeit bereichern, nicht mehr bewusst. Sie waren immer für euch da und zugänglich, ein ganzes Leben lang: Strom, Wasserversorgung, Erdöl, Heizung. Diese doch sehr jungen und neuen Errungenschaften haben eure Existenz in den letzten zwei Generationen vollkommen definiert und ihr könnt euch kaum mehr vorstellen, wie euer Leben ohne sie aussehen würde. Selbstverständlich ist für euch alle ein Leben ohne diese Errungenschaften denkbar. Spielt es für euch einfach einmal durch, um es euch bewusst zu machen. Würden euch bei eurem heutigen Bewusstsein alle diese Dinge entzogen, wie sähe euer Leben hier und jetzt aus? Was würde sich verändern und was bleiben? Ihr habt eure Wünsche und eure Träume an alle diese vergänglichen irdischen Dinge gekoppelt, sie sind also nicht absolut und daher nicht über diesen Daseinsbereich hinaus transportierbar. Deshalb empfehle ich euch als bewusstseinserweiternde Übung, folgende Fragen ganz ruhig durchzugehen: Könnt ihr glücklich sein ohne alle diese Dinge? Seid ihr in der Lage, euer Leben als solches als absolut wertvoll zu empfinden – ohne alle diese „Zugaben"? Ein großer Teil der Weltbevölkerung lebt ja immer in solchen oder ähnlichen Zuständen, und man soll nicht denken, dass in diesen Erdteilen und Ländern die Zahl der glücklichen und zufriedenen Seelen weitaus geringer sei. Es geht vielmehr darum, ein Bewusstsein zu erlangen, dass euch alle Dinge, die ihr habt, gegeben sind. Und in dieser Dankbarkeit sollt ihr sie empfangen, sie wertschätzen, sie genießen und euch ihrer erfreuen (deshalb erst meine Ausführungen zu Dankbarkeit, Demut und Mitgefühl). Ihr sollt unter keinen Umständen ein schlechtes Gewissen haben wegen eures Besitzes. Denn wenn ihr euch seiner schämt, dann habt ihr keinen Genuss und keinen Gewinn an ihm für eure Seele. Ihr könnt dann auch alles gleich wegschmeißen, es nützt euch nichts. Empfindet darum Dank und nehmt die Verantwortung wahr, die mit dem Besitz oder auch mit größerem Reichtum einhergeht. Die Hingabe an das Gegebene sieht man am besten bei Menschen, die sehr, sehr wenig besitzen und diesen spärlichen Besitz mit großer Umsicht und Hingabe pflegen und verwalten. Es ist wie mit einer Schafherde. Wenn ihr nur ein Schaf besitzt, wird dieses eine Schaf von sehr großer Bedeutung sein für euch und die Aufgabe klar und überschaubar: füttern, scheren, tätscheln und so weiter. Je mehr Schafe es werden, desto mehr Arbeit fällt an, wenn alle Tiere mit dem gleichen Respekt umsorgt werden sollen. Häuft ihr immer mehr und mehr Schafe an, so müsst ihr entscheiden, ob ihr Hilfskräfte braucht, die sich um eure Tiere kümmern. Ist dem so, „pflegt" ihr die Hilfskraft (die ihr ebenso respektvoll behandeln sollt wie vorher die Schafe), und die Hilfskraft wiederum wird sich der Schafe annehmen. Häuft ihr aber immer mehr und mehr von den Tieren an, so wird kein Austausch mehr für euch stattfinden. Es geht dann nicht mehr um die Begegnung, sondern nur um die Menge, und da verliert eure Existenz oder euer Alltag seine elementare Kraft, welche er innehaben könnte.

Viele von euch sind es nicht mehr gewohnt, ihr Leben mit etwas auszugestalten, was sie wirklich erfüllt. Viele sind gefangen in „Ersatztätigkeiten“, zu denen ihr einziger Bezug die Tatsache ist, dass sie mit dem Geld, welches sie als Gegenwert erhalten, ihre Rechnungen bezahlen können. Die Motivation ist also das Geld und nicht der Inhalt der Tätigkeit. Und damit werdet ihr ein bisschen zu Untoten, wenn ich dies an dieser Stelle etwas drastisch formulieren darf. Das kann und soll doch nicht der Sinn des Aufenthaltes sein, hier auf dieser blauen Kugel! Jeder von euch hat etwas, was ihm entspricht und was ihn erfüllt, eine Gabe. Und findet er oder sie es nicht auf Anhieb heraus, dann soll er oder sie sich in Liebe auf eine Suche nach sich selbst begeben, auf eine Suche ohne Erwartung. Auch wenn wir mit einer Tätigkeit konfrontiert sind, die wir nicht lieben, aber aus irgendwelchen Gründen dennoch im Moment tun müssen, so sind wir nie ein Opfer und gefangen in dieser Situation. Es geht dann vielmehr darum, jeden Moment dieser Tätigkeit zu beleben und zu erfüllen, indem man sich bemüht, für sich selbst die Arbeit so zu verrichten, dass man sie möglichst mit Leichtigkeit vollbringt. Das Singen zum Verrichten monotoner Arbeit ist ein sehr gutes Beispiel dafür. Nicht alle von euch können singen während der Arbeit, aber diese uralte Methode verdeutlicht sehr schön das Transzendieren einer schlichten Verrichtung. Ihr seid es, die den Dingen eine Qualität einhauchen. Ein jeder kann in seiner Tätigkeit ein Meister sein. Es spielt gar keine Rolle, was für eine Tätigkeit es ist, aber das „Wie“ und mit welcher Haltung ihr eurer Situation begegnet hingegen schon. Jeder kann für sich komplett unabhängig „erfolgreich“ sein, egal, welches kleine Rädchen er in einem großen Gefüge darstellt. Ist er an dieser Stelle in der vollen Verantwortung für sich, so bringt dies seiner Seele weitaus mehr, als wenn er im Chefsessel sitzt und dort seine Aufgabe nicht wahrnimmt. Die menschlichen Parameter von Erfolg und Reichtum sind für die Früchte der Seele komplett irrelevant. Selbstverständlich strebt jedes menschliche Wesen nach einem möglichst behaglichen Zustand hier auf dieser Ebene, aber es soll euch gezeigt werden, dass ihr nicht von der Gunst der Außenwelt abhängig seid, wenn ihr eure Karre in Schwung bringen wollt. Oder bildhaft gesprochen: Es ist für beide Seiten sehr viel wertvoller, wenn ihr euch einfach *ein* Schaf haltet und diesem Gutes tut, als wenn ihr 120 besitzt und es euch nicht anrührt. Denn in diesem Fall könnt ihr die Schafe gleich weglassen.

Auch hier gilt für viele von euch die Empfehlung, gedanklich einfach mal durchzuspielen, wie euer Leben aussehen sollte für euch, wenn Geld, Macht und Ansehen keine Rolle spielten. Was für ein Bedürfnis tragt ihr in euch? Gut, viele werden sagen, ich möchte einfach am Strand in der Sonne liegen und nichts tun. Und dann? Wenn ihr Woche um Woche am Strand gelegen seid und euch gereinigt habt vom Bedürfnis, nichts tun zu wollen (das man nur entwickelt, wenn man Dinge tut, die man nicht mag), wird da etwas sein in euch, das zu euch spricht. Und von dem ihr das Gefühl bekommt, dass ihr es zumindest ausprobieren möchtet. Es ist wie in einer Beziehung: Ihr wisst am Anfang nie, ob sie das ganze Leben andauern wird, aber wenn die Gefühle stimmen, sollte man es doch ausprobieren und sehen, wie weit die Segel tragen. Bitte forscht in euch nach Erfüllung! Es ist dies das Elixier zum Glück, unabhängig von Zeiten und Umständen. Was wird euch absolut glücklich machen, nicht nur in dieser Realität? Seid ihr in der Lage, das Gegebene anzunehmen, in dieser Welt oder in einer anderen? Wahres Glück ist ein Seelenzustand und nicht die angenehme Kombination von bestimmten äußeren Faktoren. Wenn ihr euch dieses Prinzip einverleibt, kommt ihr immer mehr in eure Eigenmacht und damit zurück in euer göttliches Urbewusstsein.

Pflegt und übt die Hingabe an das Gegebene immer im Kleinen, da ist es leicht und schafft zusätzlich Freude. Freut euch über euer Frühstück, freut euch über alle Kleinigkeiten, die euch begegnen im Laufe des Tages. Und begegnen euch Dinge, die ihr euch besser vorstellen könnt, dann verbessert sie. Ihr seid die Schöpfer eurer Realität, und habt keine Angst davor, absolut großartig zu sein. Indem ihr Dinge erschafft und kreiert, die euch gefallen, kommt ihr in Resonanz mit dem universellen kosmischen Schöpfungsprinzip, welches nicht aus dem Kopf heraus erschafft, sondern aus der Intuition, aus der Seele. Niemand sagt beim Kochen: „Ich koche nun ein Gericht mit 120 Gramm Kohlenhydraten, 70 Gramm Protein, diesen und jenen Vitaminen und Spurenelementen". Nein, dies widerspricht eurer sinnlichen Natur und es kommt keine Freude auf. Die große Gestaltungskraft, welche sich im ganzen Universum widerspiegelt, findet sich auch in euch. Ihr seid ein Teil von ihr, und ihr habt die Verantwortung für dieses Leben und diesen Planeten, der euch anvertraut wurde.

Vier irdische Codes: Essen & Trinken, Sex, Bewegung

See The Sunlight
We Ain't Stoppin'
Keep On Dancing Till The World Ends
If You Feel It Let It Happen
Keep On Dancing Till The World Ends

Britney Spears „Till the world ends"

Während ihr euch in dieser menschlicher Form aufhaltet auf dem Planeten Erde, braucht der menschliche Körper bestimmte Codes, die ihm regelmäßig „übertragen" werden sollen, damit die Schnittstelle zwischen Seele und Körper möglichst reibungslos und optimal funktioniert. Es sind dies: Essen, Trinken, Sex und körperliche Bewegung. Es geht an dieser Stelle wirklich ganz ausschließlich um die Schnittstelle von Körper und Seele, welche immer wieder bestätigt werden muss über diese Dinge, und zwar in möglichst hoher Qualität. Euer „modernes Leben" schwächelt in allen vier Punkten sehr deutlich, obwohl ihr doch „die" seid, die in hohem Wohlstand unterwegs sind. Na, aber bekanntlich ist ja nicht alles Gold, was glänzt! Denn es kommt bei den vier Codes nicht in erster Linie auf die Quantität an, welche bei euch zelebriert wird, sondern auf die Qualität, und in diesem Bereich darf ruhig noch einiges geschehen. Über die frequenzmäßige Optimierung des Essens haben wir uns ja bereits eingehend unterhalten. Über geeignetes Futter wird unser „Haustier“ Körper glücklicher, robuster, leistungsfähiger und transparenter. Dasselbe gilt für die Bewegung. Viele Menschen sind den ganzen Tag hektisch in Bewegung, falls sie überhaupt in Bewegung sind. Und genau darin liegt das Problem. Euer Körper braucht die Erfahrung, bewegt und benützt zu werden, und zwar in einer überaus aufmerksamen Form. Sport im weitesten Sinne ist absolut wichtig und gesund. In früheren Zeiten hat es euer Alltag von euch gefordert, dass ihr eure Körper ständig benutzt und gebraucht habt. Heute müsst ihr euch in den meisten Fällen eure Portion Bewegung holen. Viele von euch tun dies, solange sie jung sind. Doch genau darin liegt das Problem: Viele von euren Körpern bauen mit dem Älterwerden ab, weil dieser Code nicht mehr bestätigt wird und der Körper die damit zusammenhängenden Funktionen einfach verkümmern lässt. Klar, etwas, was nicht mehr gefragt wird, nimmt man aus dem Angebot. Bitte versteht mich richtig, es geht nicht darum, euch alle bis ins hohe Alter zu Leistungssport zu zwingen (lacht). Es geht vielmehr darum, eurem Körper als Aufmerksamkeit und im Sinne einer Wartungsarbeit jenen Stimulus zukommen zu lassen, den er braucht, um seine Körperlichkeit voll zu entfalten. Auf diese Weise kann die Seele schöner auf ihm reiten.

Die Sexualität ist derzeit in ihrer Funktion als gewaltige Energetisierung komplett verkümmert. Sexualität hat mit dem ursprünglichen Begriff „Re-ligion“ (die Wiederverbindung mit dem Ursprung) sehr, sehr viel zu tun. Aber gerade eure weltlichen „Religionen“ haben sie gerne verteufelt, da es ihnen nicht dienlich schien, wenn ihr in Sachen Göttlichkeit selbstständig unterwegs wart und seid. Wenn man euch sagen würde, dass ihr nicht essen oder trinken dürft, wenn ihr in den Himmel kommen wollt, dann hättet ihr die ganze Sache wohl nicht mitgemacht. Aber bei der Sexualität habt ihr euch überrumpeln lassen. Doch genaugenommen hat es gar nicht funktioniert. Ihr könnt versuchen, euch vorzumachen, dass ihr nicht essen müsst. Aber nach einer bestimmten Zeit müsst ihr euch entscheiden, ob ihr eurem Körper den Respekt erweist und esst oder ob ihr in verlasst. Und mit der Sexualität ist es genau das Gleiche. Ihr verhungert nicht körperlich, aber ein sehr wichtiger energetischer Kanal, welcher euch in höherer Form speist und nährt, verkümmert und ihr trocknet aus. Es gibt alte Techniken, die es ermöglichen, über das bewusste Schließen des sexuellen Kanales schneller in höhere geistige Sphären vorzustoßen. Man lenkt die sexuelle Energie wie einen Treibstoff um. Es funktioniert bei geeigneten Personen sehr gut, und es ist überhaupt nichts dagegen einzuwenden. Für die meisten von euch ist es jedoch nicht zu empfehlen, weil ihr dabei komplett unglücklich wärt. Genauso wie es technisch problemlos möglich ist, ohne Essen zu leben, kann man auch problemlos ohne Sexualität leben – wenn man weiß, wie man das energetische Manko im jeweiligen Frequenzbereich abdecken kann. Unsere Philosophie ist es aber, dass ihr diejenigen Dinge, welche ganz spezifisch für diesen Planeten erfunden worden sind, entdecken und untersuchen sollt. Gerade, wenn sie so untrennbar mit euch verbunden sind.

Mit der Koppelung der Sexualität an die Fortpflanzung ist das ganze Thema für euch schon mal grundsätzlich ein kompliziertes Unterfangen geworden. Erschwerend kommt hinzu, dass man euch später eingeredet hat, dass die Tatsache, dass ihr sexuelle Wesen seid, ein für Gott inakzeptabler Makel ist (lacht). Also eine Fehlfunktion, derer ihr euch schämen müsst. Die abstrusesten Dinge funktionieren ja manchmal erstaunlich gut, wenn sie nur mit einer gehörigen Portion Unverfrorenheit serviert werden. Es ist also dringend nötig, dass ihr eure Sexualität wieder annehmt. Es ist dies eine Aufgabe für Generationen, da ihre Korruption sehr lange angehalten hat und die Information in euren Körpern und Systemen eine Weile braucht, um ausgewaschen zu werden. Durch die jahrhundertelange Tabuisierung eurer sexuellen Qualität ist die unterdrückte Energie zu einer riesen Druckwelle angewachsen. Eure heutige Gesellschaft ist im Vergleich mit älteren Zeiten vordergründig so stark sexualisiert, weil sehr viele Formen von Sexualität nicht stattfinden durften. Wie Wasser, das künstlich zurückgehalten wurde, jetzt jedoch so großen Druck aufgebaut hat, dass es durchbricht und alles platt walzt. Eure Sexualität soll sein wie euer Essen: Beide sollen fester Bestandteil eures Lebens sein und euch erfreuen, aber sie sollen euch nicht komplett dominieren. Gebt ihnen immer den Respekt, aber nie die Macht. Dies ist nicht ganz einfach, da viele von euch dieses unglaubliche Bedürfnis haben nach sexueller Energie. Gerade Seelen, die sich diesbezüglich in vergangenen Leben sehr kasteit haben, können in heutiger Zeit einen großen Drang danach verspüren, da die Seele die sexuelle Erfahrung in diesem Körper machen muss, um frei davon in den Ursprung zurückzukehren. Und so wie beim Essen gibt es auch bei der Sexualität die verschiedensten Formen, Küchen und Geschmäcker. Hat sich irgendjemand von euch dafür geschämt, dass ihm die italienische Küche besonders gut schmeckt? Eben, da seid ihr ziemlich locker. Aber bei der Sexualität, da braucht der ganze Planet ein gutes Stück Nachhilfe. Seid wachsam, wo Systeme an der Arbeit sind, die dieses alte Drama immer noch aufrechterhalten wollen zu ihren eigenen Gunsten. Es fand über Jahrtausende ein kollektiver sexueller Missbrauch statt, von dem ihr euch unbedingt therapieren sollt. Esst nichts, worauf ihr keinen Appetit habt, und verbietet euch nichts, worauf ihr Lust habt. Es ist eigentlich ganz simpel, aber in der praktischen Anwendung seid ihr noch gefordert. Eure körperliche Schwächlichkeit der letzten Jahrhunderte, die sogenannten Zivilisationskrankheiten, haben sehr viel mit diesem kollektiven sexuellen Missbrauch zu tun, da die Vitalität des Körpers durch die schuldhafte Verrichtung der Sexualität quasi mit einem Virus kontaminiert wurde. Man hat sie euch unter bestimmten Bedingungen zwar erlaubt, aber es war wie Salzwasser trinken gegen den Durst. Es hat euch geschwächt und massiv geschädigt.

Das Ehren und Aufrechterhalten dieser vier irdischen Codes ist ein wichtiger und vor allem ja auch ein sehr schöner Teil eurer irdischen Existenz. Es tut euch gut, alle Bereiche sehr ernst zu nehmen, gerade weil sie euch allen großen Spaß machen.

Geld und Brot

When the money's gone
Will you be my friend
Float a small row boat till our ship comes in
When the winter nights chill us to the soul
Will you feed the fire
Spin the straw to gold
When the money's gone

Cher "When the money's gone"

Seht ihr, meine Lieben, wenn ihr diesen Planeten einmal wieder verlasst, so könnt ihr nichts mitnehmen außer euren Erfahrungen. Das heißt, alles, was für euch in diesem Leben so wichtig ist, wie euer materieller Besitz, ist komplett relativ. Er ermöglicht euch bestimmte Erfahrungen, aber er ist ein Mittel zum Zweck und hat keinen eigenen Sinn. Und so wollen wir uns heute etwas näher über euren materiellen Besitz unterhalten und die in seinem Zusammenhang entstehenden Bedürfnisse, Nöte und Ängste. Materieller Besitz ist eine Leinwand und er spiegelt eure Haltung, eure Vergangenheit, eure Nöte und eure Ängste. Wie euer Körper euren Zustand und das Resultat vergangener Reisen der Seele darstellt, reflektiert eure materielle Besitzsituation als zusätzlicher Spiegel euren Selbstausdruck. Dieselbe oder eine ähnliche materielle Situation bei zwei Menschen können im Geistigen einen vollkommen anderen Ursprung haben. Sowohl Reichtum als auch Armut können sich aus unterschiedlichen Konstellationen einstellen. Vielleicht sollten wir ein paar Möglichkeiten kurz durchspielen, um einen Eindruck zu vermitteln: Es gibt Menschen, die erfahren hier großen Reichtum, weil sie komplett hilflos und unerfahren sind als Seele. Das große Vermögen stellt eine Schutzschicht dar. Das klingt jetzt vielleicht verwirrend... Weshalb kann eine junge Seele einfach hier eintrudeln und sich gleich schamlos mit allem eindecken? Nun, es ist dies zum einen so, weil sich die junge Seele oft nicht tieferen Gedanken hingibt und einfach „oh, das brauch ich“ denkt und es sich nimmt. Sie umgibt sich „intuitiv“ mit Vermögen, um sich abzusichern und zu schützen. Aber Vorsicht: Es ist dies eine sehr heikle Gratwanderung, da sich die junge Seele gleichzeitig auf einen Abenteuer-Pfad einlässt, den sie nicht gut oder überhaupt nicht kennt. Dies kann dazu führen, dass sich in der Folge eine Vielzahl von Möglichkeiten in den Weg stellt, sich zu verstricken oder abzustürzen. Es gibt eine große Anzahl junger Seelen, die sich willig auf sehr heikle Missionen einlässt, die oft nur kleine Erfolgschancen für die Seele bieten. Aber sie tun es trotzdem, da sie um jeden Preis hier und jetzt am Projekt Erde teilnehmen wollen. Man findet unter diesen Seelen oft Menschen, die sehr jung und schnell Karriere machen und auch in den Medien präsent sind, oftmals gefolgt von Problemen mit Drogen und Ähnlichem. Denn wenn die Seele einmal die Gaben Reichtum, Ruhm und Karriere eingefordert und angesammelt hat, dann tritt zu den

Gaben die Aufgabe hinzu, sie umzuwandeln, die Energien weiterzuspinnen. Dieses sind aber Meisteraufgaben, an denen viele junge und auch mittlere Seelen noch scheitern.

Auf der anderen Seite gibt es die ältere Seele, welche aus ihrer Erfahrung heraus mit einer Haltung von Bescheidenheit inkarniert und sich entsprechend in bescheidenen oder sogar kargen Besitzverhältnissen wiederfindet. Dann geht es darum, dass sie über das Überarbeiten des eigenen Selbstwertes lernt, wie die „Projektion" des Filmes „Besitz" erzeugt wird. Oft durchläuft die Seele eine Stufe in bestimmten Leben, in denen sie dem Eindruck erliegt, dass Besitz etwas Schandhaftes ist, weil sie die Geisteshaltung vertritt, dass „wenn ich etwas besitze, es dann einem anderen fehlt". Doch diese Illusion der Trennung muss durchwandert werden, damit man sich auf einem sehr bewussten Niveau wieder eine dankbare Form des Habens erlauben und zugestehen kann. Viele alte Seelen und besonders solche, welche eine Heiler-Tätigkeit verrichten, gehen oft durch große materielle Krisen. Dies scheint auf den ersten Blick keinen Sinn zu machen. Tut es eben doch... Es ist so: Wenn wir eine dimensionale Öffnung nach oben empfangen (wie dies bei Heilern der Fall ist), geht damit immer eine komplette Reinigung, ein Neustart unserer Systeme, einher. In manchen Fällen kann dies auch über eine Krankheit geschehen. In den meisten Fällen ist es aber so, dass der ganze materielle Besitz einen Neustart erlebt, auch weil es zur Meisteraufgabe des Heilens gehört, die Zusammenhänge von Besitz und Selbstwert zu erfahren und zu verstehen.

Seht ihr, wenn wir früher einen spirituellen Weg eingeschlagen haben, dann sind wir in ein Kloster gegangen und haben sämtliche Formen von weltlichem Besitz hinter uns gelassen. Wir haben den Spiegel „Besitz" deaktiviert und uns dieser Aufgabe entzogen. Auch aus dem Grunde, weil es noch nicht die Zeit war, auf dieser Ebene mit uns selbst zu arbeiten. Heute hingegen ist es so, dass unser Leben unser Tempel ist und es uns die Üb- und Lernmöglichkeiten bietet, welche die Seele zu ihrer Vervollkommnung braucht. Die Übungen in Selbstwert, materiellem Besitz und eigener Wertigkeit können langwierig und sehr schmerzhaft sein, aber sie sind ein Prozess von großer und tiefer Reinigung und nehmen entsprechend eine gewisse Zeit in Anspruch. Sie dienen immer eurer Vervollkommnung. Oft ist es für Seelen sehr schwer, ihren eigenen Wert anzunehmen, eine falsche Form von Bescheidenheit verbietet es ihnen.

Und dann gibt es auch die Seele (meist mittleren Reifegrades), welche sich hemmungslos einfach *alles nimmt!* Viele von euch ärgern sich besonders im Moment sehr über diese Seelengruppe, und ich möchte dazu einfach sagen, dass diese Seelen dabei sind, Verantwortlichkeiten für sich zu schaffen, an denen sie eine ganze Weile kauen werden. Wie jemand, der eine Bar mutwillig zertrümmert und sie dann eigenhändig aufräumen und reparieren muss, weil er oder sie kein Geld hat, die Wiederherstellung zu bezahlen. Alles Handeln bringt Konsequenzen, die immer, aber wirklich immer, an den Punkt ihres Ursprunges zurückkehren. Dies funktioniert mit „guten“ und mit „bösen“ Konsequenzen auf die genau selbe Art. Das Prinzip ist ein kosmisches und bleibt deshalb dasselbe.

Für euch alle, aber besonders für diejenigen, die sich mit einer Heilertätigkeit beschäftigen, ist es sehr wichtig, Folgendes zu verstehen und zu beachten (denn dazu ist dieser Prozess da): Damit ihr die Gabe, die ihr erhaltet, in ihrem Wert einstufen könnt und lernt, euer „neues“ Selbst angemessen zu vertreten, ist es wichtig, nie etwas wegen des Geldes zu tun, sondern nur für die Sache selbst. Denn nur auf diese Art können Geld und Besitz fließen und zu euch kommen. Tut ihr Dinge für Geld, dann seid ihr nie auf der sicheren Seite. Ihr unterbrecht dann den großen kosmischen Fluss, welcher die Dinge zu euch bringt. Verrichtet ihr eure Arbeit aus Liebe, dann muss diese Liebe automatisch einen Gegenwert auslösen, wie ein Stempel einen Abdruck hinterlässt. Und wenn ihr in der Situation seid, dass ihr wenig oder nichts habt, dann lasst euch bitte unbedingt auf dieses kosmische Prinzip ein. Am Anfang werden andere Dinge als Geld zu euch zurückfließen. Zu Beginn vielleicht „nur“ Dankbarkeit oder Bewunderung, später auch Gegenwert in Form von Spenden oder Geschenken. Seid offen dafür und lernt, diese Formen der Gegenleistung anzunehmen. So ist im übertragenen Sinne diese Geisteshaltung der Ort, wo der Fluss entspringt. Ihr lernt auf diese Art wieder das universelle Prinzip der Materialisierung, ohne euch in einengende Verantwortlichkeiten zu verstricken, die auf euch zurückfallen. Es ist dies ein großer und wichtiger Neuanfang, dies sollten alle wissen, die sich in einer solchen Lebensphase befinden.

Ebenso wichtig ist es, das Geld fließen zu lassen und es nicht abzumessen. Ich meine damit nicht, dass man über seine Verhältnisse leben und das Geld unkontrolliert zum Fenster hinauswerfen soll. O nein. Es geht vielmehr darum, dem Geld, wenn es kommt, den Respekt zu geben, aber nicht die Macht. Ihr müsst mit Geld umgehen wie mit Brot! Erhaltet ihr ein frisches Brot, dann solltet ihr es essen, solange es schmeckt. Denkt ihr aber: „Oh, dieses Brot muss jetzt ein halbes Jahr reichen“, dann knuspert ihr jeden Tag etwas an dem Brot herum, seid nie satt und nach ein bis zwei Wochen ist das Brot schimmlig und ihr müsst es wegwerfen. Bekommt ihr ein Brot, seid hungrig und sagt: „Oh, wow, super, das ist genau, was ich jetzt brauche! Ich bin hungrig und erlaube mir heute, das halbe Brot zu essen, und lasse mir noch zwei Stücke für morgen und ein bisschen für übermorgen.“ Dann habt ihr den Genuss des frischen Brots, solange es schmeckt, und das Universum sieht, dass ihr das Brot angenommen und aufgegessen habt, und es liefert euch neues nach. Ihr habt auf diese Weise dem frischen Brot Respekt erwiesen. Kaut ihr aber ewig mit Schuldgefühlen an dem Brot herum, dann wird euch das Universum keines nachliefern, da es denkt: „Mmh, naja, also glücklich haben wir ihn mit dem Brot ja nicht gemacht, er isst es nicht auf, es schmeckt ihm wohl nicht." Dann habt ihr dem Brot keinen Respekt gegeben, sondern die Macht über euch. Und genauso ist es mit Geld. Stellt euch vor, alle Leute würden tonnenweise Brot anhäufen zu Hause, das sie nicht essen. Brot macht erst Sinn, wenn man etwas daraus macht, es isst und das, was man nicht selbst essen möchte, sinnvoll einsetzt. Aber einfach immer mehr Brot anzuhäufen um des Brotes willen? Hallo? Könnt ihr darin den geringsten Sinn erkennen? Wenn euch jemand sagen würde: „Ich sammle Brot“, dann würdet ihr denken: „Oh, mein Gott, der hat sie ja nicht mehr alle.“ Das Ansammeln von Geld findet man aber äußerst cool, nicht wahr?

Es spricht überhaupt gar nichts dagegen, viel Geld zu besitzen, wenn man das viele Geld fließen lässt und es einsetzt. Aber sehr viele Menschen, die zurzeit viel besitzen, weigern sich, das Geld fließen zu lassen. Sie leben nicht in Reichtum und Überfluss, sondern sie zelebrieren das Armutsmuster „Ich habe nie genug“ – wie ein Fluss, der in jedem Abschnitt gestaut wird und dessen Wasser faulig geworden ist und deshalb kippt. Wahrscheinlich müsst ihr erst mal den ganzen Flussinhalt abfließen lassen, das Flussbett sanieren und dann von vorne beginnen. Zu viele Leute wollen den Fluss in ihre Richtung lenken, damit immer mehr zu ihnen kommt. Es sind dies Seelen, die nicht wirklich verstanden haben, worum es dabei geht. Viele von ihnen werden alles verlieren müssen, um vielleicht zu einer Einsicht zu gelangen. Es ist wie in einer Beziehung, die von Respektlosigkeit und Selbstsucht geprägt ist: Man wird den Wert des Partners erst erkennen, wenn er gegangen ist.

Es gibt aber auch Seelen, wenn auch in kleiner Anzahl, welche sich oft durch exorbitant hohen Besitz auszeichnen und ihr Geld einfließen lassen in den Fluss, da ihre alte Seele intuitiv das Wissen um die Pflege des Geldes mitbringt. Sie behandeln diese Energie mit Respekt und Verantwortung. Sie würden es nie für sich behalten, und genau aus diesem Grunde steigert sich ihr Besitz immerzu. Und niemand weiß eigentlich genau, wie und weshalb das geschieht. Es hat dies mit Glück überhaupt nichts zu tun. In diesen Fällen ist der materielle Reichtum meist der Niederschlag einer vergangenen Erfahrung, welche sich in dieser Form von materiellem Besitz nun zeigt. Es ist auch nicht eine „Belohnung“ im menschlichen Sinne für gute Taten, sondern vielmehr etwas, was die Seele einmal ausgesendet hat und das nun in materieller Form zu ihr zurückfließt. Entsprechend haben diese Menschen auch meist ein entspanntes Verhältnis zu ihrem Reichtum und sind nicht von ihrem Geld geknechtet wie viele andere.

Diese kleine Ausführung soll euch auch dazu ermuntern zu sehen, dass Materielles nicht etwas Schlechtes ist. Bestimmte Kreise wollten das Problem „Besitz“ lösen, indem sie das private Vermögen abschaffen wollten. Aber nun seht ihr, dann kann man euch alle zusammen in ein Kloster einweisen (lacht). Aber genau deshalb seid ihr ja hier, um euer Verhältnis zum materiellen Besitz zu klären. Die Idee mit der besitzlosen Gesellschaft ist sehr schön, aber dafür ist es schlicht und einfach noch nicht die Zeit.

Ihr müsst das Thema erst bearbeiten. Ihr könnt nicht ein Buch lesen in einer Sprache, die ihr nicht versteht. Über das Besitz-Haben oder eben Nicht –Haben lernt ihr ganz fundamentale Dinge für das Wachstum eurer Seele, und ihr tut gut daran, euch nicht in Opferhaltungen zu begeben. Sonst tappt ihr in die Falle. Wenn ihr denkt, dass die anderen die Bösen sind und ihr die Armen, dann bestätigt ihr lediglich euren gegenwärtigen Zustand, der euch ja gar nicht gefällt. Jeder hat die Möglichkeit, sich aus der Situation, in der er sich befindet, nach vorne zu arbeiten, und da sind Opfer-Haltungen komplett unfruchtbar.

Ihr könnt ohne Geld sehr glücklich sein und mit viel Geld sehr unglücklich. Ihr könnt aber auch sehr glücklich sein und immer genug Geld haben. Beendet in eurem persönlichen Feld das Drama um den materiellen Besitz. Wenn ihr denkt, dass ihr nichts wert seid, weil ihr nichts habt, dann solltet ihr liebevoll genau an diesem Punkt bei euch ansetzen. Vielleicht hat sich ein Familien-Muster transportiert, das ihr unbewusst immer noch aussendet, wie etwa „ich muss immer schwer arbeiten für mein Geld“ oder „mir fällt nie etwas in den Schoß“ oder „alle anderen haben und ich nicht“ oder „ich darf nicht mehr haben, weil ich es dann jemand anderem wegnehme“. Na, klingelt es da bei dem einen oder anderen von euch? Dann habe ich eine gute Nachricht für euch: Ihr dürft alle diese alten Muster und Programmierungen einfach aufgeben! Wenn ihr sie erkannt habt, dann ist die größte Arbeit schon getan, ihr müsst sie dann einfach loslassen.

Und erlaubt euch, dass es nicht von einem Tag auf den anderen komplett ausgewaschen sein muss. Schließlich habt ihr lange mit ihnen gelebt, und die Muster haben sich in den Feldern eurer Eltern bewegt und sind entsprechend wohlgenährt und kräftig. Es ist vollkommen o.k., wenn es ein bisschen Zeit braucht. Arbeitet einfach daran und es wird sich garantiert ändern.

Geld erleichtert Vieles, aber es verändert nicht die fundamentalen Dinge. Geld ändert nichts an Liebe oder Gesundheit. Was tut ihr, wenn ihr kein Brot habt? Genau, ihr esst dann etwas anderes. Seid locker mit dem Geld, lasst es fließen. Auch wenn ihr eine Rechnung bekommt und ihr könnt sie bezahlen, dann bezahlt sie! Und zwar flott! Auch dies erhöht den Fluss. Wenn ihr eure Rechnungen ohne Knurren bezahlt, dann seid ihr frei, weil ihr – ich muss es wieder einmal erwähnen – dem Geld den Respekt gebt, aber nicht die Macht. Ärgert ihr euch über die Rechnung und legt sie weg, dann hat sie Macht über euch und macht euch schlechte Laune. Bezahlt ihr sie aber, ist das Geld weg und die Rechnung auch und es kann Neues kommen. Geld ist nun einmal da, um Rechnungen zu bezahlen, nicht wahr? (lacht)

DNA!!

On this ship in which we sail
Everything is possible
Keep on turning like a star
Till you get to where you are

Cher „Love is the groove"

Nun, meine Lieben, so lasst uns heute über einen eurer Bauteile sprechen, über den es noch viel Verwirrung und Unklarheit gibt, und ein paar weitere Themen streifen, die sich in diesem Feld auftun: eure DNA. Nun, eure Wissenschaft denkt, sie hätte das menschliche Genom entschlüsselt. Jedoch ist sie der Annahme, dass es sich um ein zweidimensionales Bild handelt. In Tat und Wahrheit stellt eure DNA eine mehrdimensionale Statue dar. Sie besteht in ihrer vollen Ordnung aus 12 Strängen und nicht aus zwei. Dies deutet schon darauf hin, dass sich hinter der DNA noch sehr viel mehr verborgen hält, als ihr meint.

Nun, es ist so, dass der ursprüngliche menschliche Körper mit einer 12-strängigen DNA konzipiert wurde. Ihr müsst es euch so vorstellen, dass die 12 Stränge zu Beginn der jungen Erde mit ihren leichtstofflichen Menschen komplett vorhanden und offen waren. Sie waren jedoch noch nicht vollständig „bespielt". Sie sind wie ein Speicher und konnten demnach bei Beginn des Rennens noch nicht angefüllt sein. In den ersten Stadien der Erde habt ihr dann also nach und nach den DNA-Speicher mit Erfahrungssätzen gefüllt. Die Summe aller Erderfahrungen aller Seelen, die sich hier aufhielten, wurde in ihrer Gesamtheit als große, überpersönliche Datensammlung in einem bestimmten Bereich der DNA abgelegt. Die sogenannte Evolution ist ein Ausschnitt dieses Prozesses, stellt aber nur einen Teil des Ganzen dar. Als nach der letzten großen Kulturepoche, der von Atlantis, der Vorhang geschlossen wurde und der ganze Planet neu gestaltet werden musste – wie ein Bühnenbild, welches für den nächsten Akt komplett verändert wird –, mussten die Stränge 3 bis 12 unterbunden werden. Sie sind noch da, sind aber wie stillgelegt oder energetisch abgetrennt. Ihr seid alle auf dem Weg, sie wieder langsam zu aktivieren. Dies ist eigentlich eine der Hauptaufgaben, um die es hier auf dem Planeten geht: die restlichen 10 DNA-Stränge wieder aufzuschalten oder euch zumindest wieder gründlich hineinzuarbeiten.

Doch wie kam es dazu? Wie ich zuvor schon erwähnt habe, wurde die Erde an einem bestimmten Punkt ihrer Verdichtung zugänglich für Wesenheiten, welche wir die Reptilen nennen. Atlantis hatte sich nach einer großen und faszinierenden Blüte kurz gesagt durch die Korruption von hohen Kräften selbst vaporisiert und dadurch eine Resonanz erzeugt, welche den Reptilen ein Tor zum Projekt Erde öffnete. Die Menschheit hatte diese Resonanz als Gesamtheit durch ihre gemeinsame Verantwortung an dem Vorfall erzeugt. Und nun war es so, dass das restliche Universum, das sich um das Projekt Erde kümmerte, diesem Umstand Rechnung tragen musste. Die Reptilen konnten sich nun mit an den Tisch setzen und mitbestimmen. Und so wurdet ihr, im wahrsten Sinne des Wortes, mit dem Gesicht in den Dreck gedrückt. Die Folge: Ihr wurdet stofflich wie noch nie, und zu diesem Zwecke wurden die Stränge 3 bis 12 abgespalten und deaktiviert. Alle eure natürlichen Fähigkeiten, wie Telepathie, direkte Lichtnahrung und die natürliche Form der Geburt aus dem Äther wurden damit zunächst einmal unmöglich. Zehntausende von Jahren habt ihr damit verbracht, euch aus euren Höhlen hinauszubewegen und eine neue Kultur aufzubauen. Ebenso wurde die Menschheit in verschiedene Rassen aufgeteilt, ein Umstand, den es zuvor überhaupt nicht gab. Man wollte euch einen tierischeren Charakter aufprägen, um euch leichter wie Nutztiere halten zu können. Ihr seid für die Reptile nichts anderes als ein Experiment. Sie behandeln euch wie Versuchstiere in einem Labor und schauen, wie weit sie gehen können.

Und weshalb haben wir euch nicht geholfen? Nun, wir haben immer getan, was wir konnten, aber dies ist nun mal ein Planet des freien Willens und eure Verantwortung liegt in euren Händen. Die Dinge, welche die Menschheit als Gesamtes zu verantworten hatte, fielen nun auf sie zurück, und auch der Kosmische Rat konnte euch nicht einfach erlösen. Er hätte euch damit die Möglichkeit zur Entwicklung weggenommen. Jeder erlöst sich nur selbst.

Und so war die Menschheit also auf einem neu gestalteten Planeten gestrandet, in Höhlen und mit einer reduzierten DNA. Stellt es euch so vor, wie wenn ihr am Morgen mit einem ganz üblen Kater erwacht. Die Erde wurde damals, nach der Neugestaltung, auch im eigentlichen Sinne neu bevölkert. Die kleine Ur-Population dieser Zeit bestand aus neuen Seelen, nicht aus diesen, die bei der jungen Erde mitgewirkt hatten. Diese Seelen mischten sich erst später wieder unters Volk. Die Vorstellung, sich in diese extreme Dichte zu begeben, war für sie einfach unmöglich. Der Frequenzabfall war so drastisch, dass sie sich nicht in diese Körper hätten begeben können.

Es handelte sich bei den „Neuen“ um eine Seelengruppe, die gänzlich andere Qualitäten und Eigenschaften aufwies, nur so war es für sie möglich, sich auf den 2-Strang-Körper, der wirklich ein Käfig war, einzulassen. Aber die Möglichkeit, beim Projekt Erde dabei zu sein, ist eine dermaßen unerhörte Chance zum Wachstum, dass sie selbstverständlich auch auf diese Bedingung eingingen.

Diese neue Seelengruppe brachte ganz schön Aufruhr in das kosmische Erd-Projekt, da sie zu Beginn nicht eingeplant waren. Man war sich von Anfang an der Möglichkeit eines solchen Vorfalls bewusst, jedes Projekt birgt bestimmte Risiken in sich. Und so brachte dieser Moment auch das erste Mal die komplett lineare Zeit mit sich. Aus diesem Grund denkt eure Geschichtsschreibung auch, dieser Punkt wäre der Anfang der Menschheit. Aber was euch als die „Erschaffung" der Erde erscheint, war bloß ein Umbau. Der Planet wurde in eine größere Dichte heruntergefahren und komplett neu gestaltet. So wie die Erde vorher war, wäre die NASA daran vorbeigeflogen und hätte gemeint, sie sei ein unbewohnter Planet. Manche von euch werden sagen: „Ja, aber diese ganze Erdentwicklung hat doch Millionen von Jahren gedauert?" Sicher hat sie dies, aber Millionen von Jahren sind nichts! Die Ausdehnung der vorherigen Epochen (die noch nicht in der dichten linearen Zeit existierten) haben für eure Vorstellung Äonen gedauert. Der kurze Umbau danach fällt im Rahmen des Ganzen schlicht und einfach nicht ins Gewicht.

Was sich hier in den letzten 50 000 Jahren abgespielt hat, ist der reine Wahnsinn. Allein vom Zuschauen wird es einem schon schwindlig. Das reinste Warenhaus bei Sonderschlussverkauf. Nie ging es so dicht zu und her wie in dieser Zeit – weder dimensional (was wiederum die Zeitqualität beeinflusst) noch von der Bevölkerungsdichte her. Und ihr spürt auch, dass die Zeit zunehmend beschleunigt. Eure Ur- und Frühgeschichte ist also keineswegs der Anfang der Menschheit, sie ist lediglich *ein* Akt des ganzen Stückes. Und so hattet ihr bis vor wenigen Jahrzehnten gar nicht die Möglichkeit, mehr DNA zu aktivieren, da ihr damit euren dichten Körper ansonsten vollständig vaporisiert hättet. Die Differenz zwischen der Schwingung der Lernumgebung und des hochfrequenten Körpers mit vier aktiven Strängen hätte euch in eurer menschlichen Form sofort getötet, wie wenn ihr eine Starkstromleitung berührt hättet. Es sind nun jedoch sehr viele von euch dabei, den dritten und vierten Strang wieder zu aktivieren. Die Stränge werden immer paarweise aufgeschaltet. Es ist also nicht so, dass ihr erst Nummer 3 in Betrieb nehmt und dann Nummer 4. Nein, sie agieren paarweise und sind in einzelner Funktion nicht denkbar.

Doch worauf reagieren die DNA-Stränge? Was müsst ihr tun, um sie wieder in Gang zu bringen? Ihr müsst euer Leben leben. Einer der Faktoren, der die Stränge 3 und 4 wieder öffnet und anschließt, ist die Auflösung der alten, eingegangenen Verpflichtungen, des sogenannten Karmas. Dies ist in heutiger Zeit doch bei einer stattlichen Anzahl von euch der Fall. Das Bereinigen des Karmas stellt einen Übergang in ein neues Zeitalter dar, und so wie jeder von euch persönlich seine Vergangenheit aufräumt, so klärt die Menschheit auch als Ganzes ihre kollektive Vergangenheit. Indem ihr euch eures höheren Ursprunges erinnert und erlaubt, dass sich euer „Sternenwissen“, also eure intuitive Verbundenheit mit dem Universum, wieder einstellt, wird ein neues Stück DNA entschlüsselt. Die beginnende Aktivierung der Stränge 3 und 4 beinhaltet unter anderem erweiterte telepathische Funktionen, allgemeine Hellsicht, eine komplette Neustrukturierung der Körperfunktionen, leichteres Aus-dem-Körper-Gehen der Seele bei normalem Wachzustand und die komplette Kontrolle der Seele über die Materie. Selbstverständlich gab es auch in früheren Zeiten Wesen, denen diese Dinge zur Verfügung standen. Es waren dies in der Regel aber nicht „normale" Menschenseelen, sondern Seelen einer höheren Hierarchie, welche sich in noch weiter zurückliegender Zeit mit Funktionen der Stränge 5 und 6 auf den Planeten wagten. Jedoch hielten ihre menschlichen Körper dem Experiment nicht lange stand. Es ist auch ein Merkmal der Indigo-Generation, über die wir schon gesprochen haben, dass die Stränge 3 und 4 von Geburt an bestens arbeiten. Natürlich nicht in ihrer vollen Funktion, aber doch mit einem starken und noch nie dagewesenen Startpotential. Dies unterscheidet sie von fast allen von euch.

Den freien 3. und 4. Strang finden wir auch bei bestimmten Heiligen, und es ist dies unter anderem daran zu erkennen, dass ihre Körper nach dem physischen Tod nicht verwesen. Das hat schlicht und einfach damit zu tun, dass die Energie der Seele die Materie so tiefgreifend vitalisiert, dass der Körper noch lange sehr hoch schwingt. Stellt ihn euch wie einen Wärmespeicher vor, der viel langsamer erkaltet als andere. Selbstverständlich darf man diese Körper normal verbrennen, es heißt nicht, dass sie länger aufbewahrt werden müssen. Es gab im Laufe der Menschheitsgeschichte immer wieder an unterschiedlichen Orten auf diesem Planeten geheime Zentren, an denen eine sehr viel höhere Schwingung herrschte und wo sich sehr weit entwickelte Wesen in Gemeinschaften aufhielten. Diese Orte sind zum Teil natürlichen Ursprungs und entstanden durch bestimmte Schnittpunkte von Erd-Energien. Auf diese Weise war es möglich, ein Tor nach oben offen zu halten. Hochschwingende Orte wurden zudem von vergangenen Kulturen unter Einsatz von okkultem Wissen bewusst erschaffen.

So wie die Stränge 1 und 2 die Baupläne eurer irdischen Erfahrung dieser Kulturepoche in sich tragen, so sind die Stränge 3 und 4 die Träger älterer Information, welche mit der Epoche davor, der von Atlantis, in Zusammenhang steht. Die Stränge 5 und 6 wiederum reichen noch eine Epoche weiter zurück. Ebenso steht jedes Paar in Verbindung mit einer bestimmten höheren Dimension, aus der dann bewusst Erfahrungen und Informationen abgerufen werden können. Ihr schließt euch also selbst wieder rückwärts auf und erlangt so eines Tages eure „Vollstufe". Ich möchte darauf hinweisen, dass eine Welt, in der ihr mit mehr als 6 DNA-Strängen existiert, für euch im Moment schlicht und einfach nicht vorstellbar ist. Das an diesen Zustand gekoppelte Bewusstsein ist für euch zurzeit nicht erfassbar. Es ist zum jetzigen Zeitpunkt auch noch nicht entschieden, welchen Weg die Menschheit als Ganzes nehmen wird und ob es dazu kommen und sinnvoll erscheinen wird, alle 12 Stränge so durchzuarbeiten. Es gibt erkennbare Tendenzen, aber es sind noch keine Entschlüsse gefasst.

Ihr unterliegt im Moment zwei großen Hauptströmen, die euch formen und beeinflussen. Zum einem versuchen die Reptilen, euer Bewusstsein möglichst zu dämpfen, da sie zu hochschwingende Nahrung nicht vertragen, sie aber diesen Futterplatz gerne noch weiter benutzen möchten. Dann gibt es die plejadische Intervention, die mitgetragen wird von vielen anderen außerirdischen Rassen. Sie unterstützt euch in eurem weiteren Aufstieg. Und es gibt den Kosmischen Rat, der für das Projekt zuständig ist, welcher im Moment nicht sonderlich eingreifen darf. Ihm kommen nur grundlegende Stabilisierungsfunktionen zu. Lasst uns zwei Szenarien durchspielen, um euch etwas zu verdeutlichen, was geschehen könnte.

Version 1: Die Reptilen schaffen es, euch weiterhin am Wickel zu packen, und die Mehrheit von euch läuft ihnen hinterher. Die Summe der Angst und der negativen Emotionen, die ihr für sie produziert, ist größer als die Liebesenergie der anderen, die mit uns arbeiten. Dann kann es sein, dass der Planet für eine weitere Epoche in seiner Frequenz nicht aufsteigt, in dieser Dimension hängen bleibt und sich dann höchstwahrscheinlich noch weiter verdichtet. Die höheren Seelen verlassen dann das Spielfeld, und es wird ihnen ein neues zugewiesen, welches für sie frequenztechnisch angenehm ist. Dieses Hängenbleiben des Planeten in der alten Dimension könnte sich durch eine globale atomare Katastrophe, einen globalen bewaffneten Konflikt oder durch eine weltumspannende Seuche zeigen. Ich muss zu eurer allgemeinen

Beunruhigung an dieser Stelle sagen, dass die Erde hopsgehen *kann!* Ihr habt zweimal im vergangenen Jahrhundert Situationen gehabt, in denen der Planet haarscharf daran vorbeigeschrammt ist zu kippen. Es waren dies die beiden Weltkriege. Und dass sich die Spanische Grippe gerade im Energiekegel des 1. Weltkrieges manifestierte, ist kein Zufall. Die menschliche Resonanz, euer kollektives Immunsystem, war so schwach, dass ihr euch quasi selbst zersetzt habt. Eure eigene Schwäche hat diese Pandemie über ein Resonanz-Phänomen invoziert (hervorgerufen). Und im 2.Weltkrieg finden wir den Tiefpunkt im Einsatz der atomaren Sprengung.

Es ist nun so, dass durch diesen Vorgang eine niederdimensionale Türöffnung geschaffen wurde, welche euch nachhaltig schwächt. Sie ist neben den Verkümmerungen bestimmter vitaler Energien einer der Hauptfaktoren der sogenannten Zivilisationskrankheiten und vor allem für die Zunahme von Krebs verantwortlich. Denn durch die Präsenz des negativen Feldes müssen sich bestimmte die Krankheit begründende Themen der Seele im Körper zeigen. Und je tiefer ein Körper schwingt, desto leichter findet diese Energie Zugang zu ihm. Wir sprechen hier von einem Bereich, der nicht mit euren technischen Geräten feststellbar ist. Es handelt sich um ein niederdimensionales Feld, welches ähnlich einem Untoten, einem Gespenst, erscheint. Von der Atomspaltung ist unbedingt abzulassen. Die Hauptgefahr besteht nicht darin, dass ihr euch mit dieser Technik in die Luft sprengt, sondern darin, dass ihr durch den Kernspaltungsprozess den ganzen Planeten in eine sehr niedere Dimension hineintreibt. Ihr habt damit ein Wurmloch geschaffen, durch welches eine feindliche Armee auf eurem Planeten Einzug gehalten hat. Sie ist das ultimative Trojanische Pferd. Viele Dinge in Bezug auf diesen Vorfall sind absolut geheim, und es ist mir im Moment nicht erlaubt, ausführlicher darauf einzugehen. Für euch ist einfach wichtig zu wissen, dass die Erde und euer gegenwärtiger Daseinsbereich zweimal kurz hintereinander mit einem Bein über dem Abgrund hingen.

Die Variante 2 sieht bedeutend angenehmer aus: Die Menschheit entwickelt sich als Ganzes in Richtung Freude und Leichtigkeit, die Ängstlichen lassen sich von einer neuen Lebensführung überzeugen und sehen ein, dass Kriege alte und überkommene Konzepte sind, bei denen es nur Verlierer gibt. Der Planet nimmt dann stetig rasch an Schwingung zu. Die Reptilen müssen wohl oder übel vom Planeten Erde lassen, da sich die erhöhte Schwingung für sie in diesem Fall so anfühlt, als wenn sie mit der Hand in eine Kreissäge greifen. Die Erde etabliert sich dann auf einer nächsthöheren Bewusstseinsebene, und die Seelen, denen der Ort zu hochfrequent wird, werden für die nächste Erfahrung einen anderen aufsuchen. Die Reptilen würden euch ja am liebsten wieder mit nur zwei DNA-Strängen ausstatten, damit ihr gerade nur so wie Legehennen funktioniert. Die brauchen ja auch keinen hübschen Stall, sondern nur einen Fleck zum Stehen und zum Eier produzieren. Seid euch bitte im Klaren: Es findet ein wirklich gewaltiges Seilziehen um diesen Planeten statt.

So, viele von euch wollen jetzt endlich wissen, was es mit diesen Reptilen auf sich hat. Dies gibt uns die Möglichkeit, einen kleinen Exkurs zu einem etwas erfreulicheren Thema zu unternehmen. Selbstverständlich haben die Reptilen etwas mit den Reptilien zu tun. Nun, es ist so: Als man die irdische Fauna für euch konzipierte (in Atlantis sah sie noch vollkommen anders aus), leisteten verschiedene Regionen des Weltalls und eine Vielzahl von Spezies einen Beitrag. Ihr findet in eurer Tierwelt die Poesie des ganzen Universums. Fast alle von euch haben zu bestimmten Tierarten oder zu Tieren im Allgemeinen einen besonderen Bezug, denn sie sind symbolische Abbilder eurer kosmischen Herkunft. Jede Tierart ist eine Hieroglyphe, die für eine bestimme kosmische Energie steht. Sie erinnern euch daran, woher ihr eigentlich kommt. Nicht in dem Sinn, dass ihr von ihnen abstammt, so ist es nämlich beileibe nicht. Man hat zu Beginn dieser Kulturepoche eure DNA mit bestimmter tierischer DNA gespickt, aber erinnert euch: Ihr hattet schon im vorherigen Akt einen Auftritt. Die Tiere haben lediglich mitgearbeitet bei eurer gegenwärtigen Form, und darin liegt der Unterschied. Ihr seid durch sie hindurchgewandert. Auf diese Weise haben die Reptilen auch einen Beitrag zur Fauna geleistet. Könnt ihr euch erinnern, dass Dinosaurier so schrecklich in Mode waren Ende der neunziger Jahre? Auf kollektiver überbewusster Ebene hat sich euch eure Geschichte gezeigt. Ihr habt im Kino beobachtet, wie ihr vor Dinosauriern wegrennt oder von ihnen gefressen werdet. Ja!!! Das wart ihr, und ich muss euch leider mitteilen, dass es nicht „nur" ein Film ist. Der Film bildet die Realität ab, er ist ein Spiegel. Viele von euch haben eine intuitive Angst, einen Ekel oder geradezu Panik vor Reptilien. Dies kommt in den allermeisten Fällen daher, dass sie von Reptilen entführt wurden. Die Entführung ist eine beliebte Praxis der Reptilen. Sie holen sich interessante Exemplare von euch und führen Untersuchungen, Experimente und Tests an euch durch, so wie ihr dies mit den Tieren aus freier Wildbahn macht. Dies ist ein Ort des freien Willens, dies gilt nicht nur für euch als Jäger, sondern auch für euch als Beute. Diese Entführungen sind in den meisten Fällen hoch traumatisch und zeigen sich oft in bestimmten körperlichen Beschwerden, da das Bewusstsein die Erinnerung daran nach Möglichkeit unterdrückt. Man sollte in diesen Fällen unbedingt Abhilfe schaffen durch eine Aufarbeitung des Vorfalls. Da ihr die reptile Schwingung in den Reptilien wiedererkennt, knallt ihr aus verständlichen Gründen sogleich die Türe zu, wenn sich euch ein Vertreter dieser Gattung zeigt. Seid euch also bitte bewusst, dass ihr immer das ganze Universum in einer hochkünstlerischen Ausdrucksform vor euch habt, wenn ihr Tiere seht. Sie sind maximal extravagant! Sie sind ein großes Geschenk und ein hoher Luxus. Habt Achtung vor ihnen, sie sind euch in vielerlei Hinsicht weit überlegen.

Das 2-Strang-DNA-Konzept hält euch nur gerade so mal am Leben, dass ihr über die Runden kommt. Das Altern und Erkranken des physischen Körpers ist unumgänglich. Wahres Anti-Aging ist also nur möglich, wenn ihr in den Genuss der Stränge 3 und 4 kommt. Und seht ihr, weshalb fand das Thema Anti-Aging so großen Eintritt in eure Gesellschaft in den letzten Jahren? Auch dies ist ein Spiegel für euch. Ihr spürt auf kollektiver Ebene, dass ihr an eurer Unvergänglichkeit arbeiten müsst, und die Themen spiegeln sich auf verschiedenen Leinwänden (lacht). Vor allem aber soll die unsterbliche Seele straff und knackig bleiben, dies beflügelt auch den stofflichen Körper. Ihr müsst lernen, das größere Konzept eures Erbgutes zu verstehen. Denn sonst birgt es die große Gefahr, dass eure Wissenschaft mit dem Wissen über die 2 DNA-Stränge beginnt, Wesen zu synthetisieren, die menschliche Formen haben mögen, aber nicht menschlich sind. Auch darin besteht eine Bedrohung für eure Zukunft. Selbstverständlich kann man mit zwei Strängen Wesen mit einem Bewusstsein erschaffen, die Frage ist aber: was für einem Bewusstsein? Seid darum äußerst vorsichtig mit der „künstlichen" Erschaffung von Leben. Ihr bewegt euch da auf einem Pfad, dessen Abgründe ihr noch nicht richtig einschätzen und verstehen könnt. Die Geschichte von Frankenstein bringt es auf den Punkt. Versucht zunächst, über euch und aus euch selbst heraus zu lernen und euch auf diese Weise zu klären.

Die Ordnung der kleinen Dinge

Hope you find it in everything
everything that you see
hope you find it
hope you find me in you
Howard Jones „Hide and seek"

Alles, was ihr tut, tut ihr für euch. Kein Gott erwartet bestimmte Dinge von euch. Ihr seid vollkommen frei und seid dies immer gewesen. Was ihr habt: Ihr tragt eine Verantwortung euch selbst gegenüber. Und um euch dabei zu helfen, müsst ihr wissen, dass alles, was ihr tut und vor allem wie ihr die Dinge verrichtet, die euer Leben bilden, immer ein Spiegel eurer selbst und vor allem eurer Haltung euch gegenüber ist. Diesen hohen Wesenheiten, welche ihr als Götter bezeichnen mögt, würde es niemals in den Sinn kommen, etwas von euch zu verlangen. Ihr Bewusstsein ist die allumfassende Liebe und sie hegen keine Erwartungen. Sie tragen nur absolute Liebe und das Wissen, dass jede einzelne Seele einem gemeinsamen Ursprung entspringt und sich nun auf einer abenteuerlichen Reise zurück zum Ursprung, zur Quelle zurück, bewegt. Wesen, die euch in Liebe begleiten, begleiten euch immer in Freiheit. Wenn also in eurer Geschichte Wesen aufgetaucht sind, die etwas von euch verlangt haben, eine

Gegenleistung für ihren Schutz, einen Zoll oder einen Tribut, so sind dies keine Götter. Es sind Wesenheiten aus dem weißen Licht, welche euch erschreckt und manipuliert haben, weil ihr jung und leicht einzuschüchtern wart. Weite Teile des Planeten hängen ihnen immer noch nach und denken, es wäre tugendhaft, in ihrem Fahrwasser zu rudern. Ich möchte dazu nur sagen: Nichts wie weg und rauf auf euren eigenen Weg! Sonst werdet ihr später einsehen, dass ihr viel kostbare Zeit verschwendet habt. Denn wenn die Zeit tatsächlich einmal „aus" ist, werdet ihr sehen, dass sie doch sehr kostbar war und ihr sie sinnvoll für euch hättet nutzen sollen (anstatt als billige energetische Arbeitssklaven für herrschsüchtige und egomane Gestalten zweifelhafter Herkunft zu dienen). Doch dies soll heute nicht unser zentrales Thema sein, sondern ihr und die Ausgestaltung eures Lebens und eures Daseinsbereichs auf diesem Planeten. Wie ihr wisst, haben viele oder sogar die meisten alten Glaubensgemeinschaften Regeln aufgestellt, wie der Alltag, das tägliche Leben zu verrichten sei, damit er gut ist. Und immer ist an diesen alten Ideen und Regeln etwas Allgemeingültiges und Wahres dran, welche für jede nachfolgende Zeit übersetzbar ist. Die mönchische Zelle ist ein solches Beispiel. Nichts fand seinen Weg hinein aus dem früheren „weltlichen" Leben. Man zog eine Linie, machte einen Abschnitt. Man ließ, was vorher war, draußen und zog nicht mit seinem ganzen „Ballast" ein. Und so solltet ihr dies auch von Zeit zu Zeit tun. Und zwar lässt sich dies ganz einfach bewerkstelligen. Ich möchte euch raten, nicht Ballast anzusammeln, der eure Vergangenheit darstellt und konserviert. Trennt euch von Dingen, die nicht mehr mit euch korrespondieren. Geht durch euren Bücherschrank, durch euren Kleiderschrank, wenn ihr verspürt, dass es Zeit ist für Neues, und lasst Altes gehen. Konserviert Gegenstände und Dinge nicht um ihrer selbst willen. Ihr schuldet ihnen nichts. Nur euch selbst schuldet ihr etwas, nämlich, dass ihr immer in bewusstem Kontakt seid mit euch und eurem Seelenzustand. Manche von euch werden von Zeit zu Zeit spüren, dass ein Wohnungswechsel, ein Umzug für sie gut wäre. Sie brauchen ein neues Umfeld, eine energetische Neuerung im Außen. Solche Prozesse sollen niemals erzwungen und forciert werden. Es geht aber darum, dass Loslassen und das Zulassen von Veränderungen absolut essenziell sind und euch und euren Prozess erst ausmachen.

Wie lebt ihr? Wie wohnt ihr? Wie gestaltet ihr eure persönliche Sphäre? Diese Dinge sind Ausdruck eurer eigenen Achtung euch selbst gegenüber. Es hat nichts mit Wohlstand und Reichtum zu tun, man kann diesen Prozess erfolgreich für sich führen, egal ob man in der einfachsten Hütte oder dem größten Palast lebt. In beiden kann Erfüllung stattfinden oder ausbleiben. Es spielt also keine Rolle, wo sie stattfindet, sondern nur „dass“. Habt ihr eine Beziehung zu den Dingen, welche euch umgeben und mit denen ihr euer tägliches Leben zubringt? Bringt ihr euren eigenen Wänden sowie eurem Körper Respekt und Pflege entgegen? Die Dinge, die euer nächstes Umfeld auskleiden und gestalten, sind ein Spiegel eurer Haltung euch selbst gegenüber, und sie ermöglichen es euch, euch ganz klar zu erkennen und einzumitten. Es geht hierbei nicht um ein vordergründiges Konzept von Ordnung. Stattdessen geht es darum, dass jeder von euch lernt, einen bewussten Bezug zu seinem Lebensraum zu erhalten und zu wissen, dass er sich über den bewussten Unterhalt seiner Lebensräume pflegt und ordnet. So sind die alten klösterlichen Verhaltens- und Ordnungsregeln ein Weg, um über klare Strukturierung und Ordnung im Außen eine Klarheit im Innen zu erzeugen. Bloß sieht unsere heutige Welt ganz anders aus. Die Bedürfnisse und die Lebensumstände haben sich verändert. Die kosmischen Grundlagen sollen heute anders umgesetzt werden, sie unterliegen aber denselben Prinzipien, so wie sich die Sprache durch die Generationen und Jahrhunderte verändert, aber stets die menschlichen Bedürfnisse kommuniziert.

Ihr alle hattet eure klösterlichen Erfahrungen und somit die Erfahrung dieser alten Techniken des Sich-Klärens und –ordnens. Und so geht es nun darum, diese Technik auf einer weiteren Stufe umzusetzen. Euer Leben ist immer noch euer Tempel, auch wenn ihr nicht in einem sichtbaren Kloster seid. Euer „normales“ Leben ist euer Zentrum für spirituelles Wachstum, ihr müsst dazu nicht mehr in ein spezielles Institut einchecken wie früher. Ihr bekommt alles direkt nach Hause geliefert, was ihr braucht (lacht).

Mögt ihr euer Umfeld, die vier Wände, in denen ihr lebt? Wenn nein, dann könnt ihr etwas daran ändern. Wenn ihr nicht das Geld habt, in etwas Netteres umzuziehen oder neue Möbel zu kaufen, so ist dies kein Hindernis. Denn ihr könnt zaubern. Ihr könnt durch eure bewusste Neugestaltung dessen, was ihr bereits habt, etwas Neues erschaffen. Schmeißt weg, räumt um, kreiert neu und stellt neu zusammen. Lernt, wahrzunehmen, ob die Dinge richtig stehen, so wie sie stehen, oder ob man etwas verbessern kann. Ihr nehmt mit diesen Dingen *euch* ernst und gebt euren Bedürfnissen Ausdruck und Raum. Es ist dies das Göttlich-Kreative des Sich-selbst-Manifestierens durch Bewusstsein. Der Geist geht in die Materie und gestaltet sie um. Ich kann nur noch einmal darauf hinweisen, dass dieses hohe Wesen, welches als Selbstausdruck dieses Universum hinterlassen hat, ganz genau dies gemacht hat. Es hat sich selbst ausgedrückt in einem schöpferischen Akt. Das Wesen ist nicht seine Schöpfung selbst, aber sein Geist weht darin, so wie wenn ein Teil seines Bewusstseins abgespaltet respektive hergegeben ist. Es ist dies auch das Prinzip, nach dem alle wahren Künstler arbeiten. Sich teilen, sich mitteilen durch Selbstausdruck. Und dieses Prinzip könnt ihr alle bewusst für euch selbst anwenden. Die Dinge, die ihr in eurem Leben habt, lehren euch vieles über euch selbst. Sie spiegeln euch und geben euch Hinweise, wie ein großes Display, das nur für euch arbeitet (genauso, wie dies euer Körper auch tut auf einer anderen Ebene).

Indem ihr euer Umfeld bewusst mit eurem Geist durchwirkt, kämmt ihr euch energetisch selbst durch und helft euch, in neue Zustände von Klarheit zu kommen. Haltet ihr euch stetig in einem Umfeld auf, welches einen alten energetischen Zustand eurer selbst darstellt, so hat dieses eine hemmende Wirkung auf euer Fortschreiten als Seele. Und von diesem Blickwinkel aus betrachtet, ist es auch deutlich, dass es keine unwichtigen Dingen gibt, sondern dass eure Aufmerksamkeit allen Dingen gegenüber von Bedeutung ist für euch. Das heißt nicht, dass man diese Technik immer einsetzen muss. Doch wenn ihr das Bedürfnis nach einem neuen Kapitel habt in eurem Leben, wenn ihr spürt, dass etwas Altes gehen will und das Neue vielleicht noch nicht da ist, so könnt ihr euren Prozess anregen und unterstützen, indem ihr euch vollkommen eurem Leben hingebt – in all seinen alltäglichen und „kleinen" Bereichen.

Wie sieht das Zimmer oder der Tisch aus, an dem ich arbeite? Das heißt nicht, dass „Ordnung" für euch alle dieselbe optische Form haben muss, nein. Es geht darum, ob ihr euch mit Dingen umgebt, die bloß da sind, weil sie eben da sind, oder ob es einen Grund gibt für euch, sie zu besitzen. Braucht ihr diese Dinge oder belagern sie euch? Lernt auf solche Zusammenhänge zu achten, und so werdet ihr klar. Vielleicht fühlt ihr euch in eurem alten „Durcheinander" einfach wohl, weil ihr etwas anderes nicht kennt. Dann habt Mut zur Veränderung, wenn es euch zwickt und ihr merkt, dass etwas geschehen soll mit eurem Leben. Euer vordergründiger Alltag ist eine Leinwand, die euch zur Verfügung steht, euch auszudrücken und somit euch besser zu verstehen. Benutzt sie, malt! Egal, ob ihr sie mit Farbbeuteln bewerft oder mit Bleistift feine Linien zeichnet – das ist *eure* kreative Freiheit. Aber lasst die Leinwand nicht weiß zurück. Gestaltet! Ergreift die Möglichkeiten, die ihr habt, und lasst eure Kräfte nicht ungenutzt. Dies wäre nämlich zu eurem großen Nachteil. Lernt, ein reiches Leben zu führen. Reich nicht im materiellen Sinne! Jeder kann ein reiches Leben führen, indem er sich wahrnimmt und umsetzt. Und so lasst ihr euer ganz eigenes persönliches Universum zurück, welches nur euch ausdrückt und eure Schwingung darstellt. Habt ihr euch das mal vor Augen gehalten? Ihr habt dieselben Ausdrucksmöglichkeiten wie dieses supersupersuper weit entwickelte Bewusstsein, welches diesen Daseinsbereich kreiert hat. Alles, was ihr kennt, entspringt diesem Bewusstsein. Alles trägt in sich die Schwingung und die Codes des großen Künstlers, der sich mitgeteilt hat.

Im Fahrstuhl

And if de-elevator tries 2 bring u down
Go crazy – punch a higher floor
Prince & the Revolution „Let's go crazy"

Ihr seid gefangen in einer polaren Welt. Alles ist „entweder" – „oder": entweder seid ihr eine Frau oder ein Mann, schwarz oder weiß, reich oder arm. Aber auf einer höheren Stufe sind die Dinge vielschichtiger und komplexer und damit auch einfacher und gründlicher, weil sie der „wirklichen Realität" entsprechen und nicht nur eine grobe Annäherung an das Ganze sind. So ist es später, in einem feineren Daseinsbereich, nicht nötig, sich zu entscheiden, männlich oder weiblich zu sein. Man ist einfach man selbst, und es besteht nicht die Notwendigkeit, sich in eine Form zu pressen. Nun, seht ihr, ihr müsst ja vor einer Verkörperung immer entscheiden, ob es für die kommende Erfahrung hilfreicher ist, eure Energie in eine männliche oder eine weibliche Hülse zu prägen. Aber bitte seid euch unbedingt bewusst: Ihr seid von eurer Herkunft her weder männlich noch weiblich. Ihr seid beides gleichzeitig und noch vieles mehr dazu. Es ist dies ein Teil des polaren Konzeptes und Spieles auf diesem Planeten. „Aber du zeigst dich ja auch in einer männlichen Gestalt!!" Ja, das tue ich, und zwar tue ich dies, weil das

Erscheinungsbild ein Teil der kosmischen Kommunikation ist. Ich wähle eine körperliche Form, welche eine für euch gut fassbare Darstellung meiner Energie, meiner Schwingung darstellt. Damit mache ich eine Aussage über mich mit den Mitteln und der Sprache eurer Dimension. Aber wenn ihr von hier aufsteigt, werdet ihr später nicht das Bedürfnis verspüren, entweder Mann oder Frau zu sein. Dieses Konzept wird sich vollkommen aufgelöst haben und ihr seid „nur" ihr selbst – unabhängig von Rasse und Geschlecht. Es gibt Seelen, die haben die Tendenz, sich eher als Mann, andere eher als Frau zu verkörpern, da es ihrer Grundschwingung einfach mehr entspricht. Aber die Rollen von Mann und Frau haben sich ja sowieso komplett und fundamental verändert im Laufe der Erdgeschichte. Nun, seht ihr, ihr seid es vollumfänglich gewohnt, in einer patriarchalisch geprägten Gesellschaft zu leben. Doch dies war nicht immer so. Blicken wir zurück, so sehen wir, dass der größere Abschnitt immer matriarchalisch geprägt war. Dass die Männer das Ruder an sich gerissen haben, ist eine relativ neue Erscheinung. In den früheren und feineren Kulturepochen, in denen die körperliche Geburt schon Einzug gehalten hatte, war es ganz selbstverständlich, dass die Frau, welche die Fähigkeit trägt, Leben zu erzeugen, als Abbild der kosmischen Schöpferkraft als das „mächtigere" Geschlecht betrachtet wurde. Durch sie wehte der göttliche Manifestations-Impuls fort. Hinzu kommt, dass die Frauen in früheren Zeiten immer selbst steuern konnten, ob sie fruchtbar sein wollten oder nicht. Niemand wurde

„einfach so“ schwanger von einem Mann. Ich möchte nochmals darauf hinweisen, dass die Verwicklung von Sex und Fortpflanzung ein perfider reptilischer Eingriff war. Ihr wart immer frei, eure Körper zu ehren (ja, ich rede von Sex!) und zu entscheiden, ob ihr euch dadurch auch vermehren wolltet oder nicht. Durch diese bewusste Geburtenkontrolle hattet ihr immer die Möglichkeit, über euer Bewusstsein zu steuern, wer sich dann bei euch einfindet. Indem man diesen Prozess vernebelte und es euch einfach passieren „musste“, Nachkommen zu erzeugen, schuf man die Möglichkeit, einer neuen, jüngeren Seelengruppe zum Einzug auf dem Planeten zu verhelfen. Es geht nicht darum, dies zu bewerten, aber ihr solltet einfach wissen, dass es euch in mannigfaltiger Weise beeinflusst hat.

Schauen wir uns einen Moment auf einer höheren Ebene um: Diverse Gottheiten erscheinen und erschienen euch in der Vergangenheit in weiblicher Form. Die kosmische Maria, Isis, White Buffalo Woman (um nur ein paar zu nennen) stellen Aspekte des anderen Teiles der Urenergie dar, welche ein patriarchalisches System ausgrenzt. Nehmen wir Einblick in ein matriarchalisches System, so finden wir dort eine Vielzahl von göttlichen Chiffren oder Codes, die den anderen, den sich als männliche Ur-Schwingung manifestierenden Teil darstellen. Es ist einfach so, dass diese unvorstellbar hohen Bewusstseine sich auf eleganteste Art und Weise in eure Systeme hineinergießen, in Formen, welche ihnen entsprechen und euch fassbar sind. Sie sind so absolut unfassbar schön, elegant, wundervoll wie hilfreich. Man gewöhnt sich nie an ihre Wunderbarkeit, auch wenn man sich noch so lange auf einer höheren Stufe aufhält. Ihre Präsenz ist immer ein Wunder und eine Offenbarung.

Ihr könnt es nicht grundlegend umkrempeln: Dieser Planet ist ein polarer Ort, und die Polarität ist etwas vom Grundlegendsten, was es hier zu erfahren gibt. Aber ihr müsst ihr auch nicht vollständig auf den Leim kriechen, gerade in eurer jetzigen Zeit erscheint uns dies sehr wichtig. Das, was in der Polarität erscheint, ist immer eine vereinfachte Wiedergabe des „Wirklichen". Selbstverständlich ist die polare Abbildung absolut real in ihrer Existenzebene, aber sie ist eben nicht Ausdruck des Ganzen, sondern lediglich der Niederschlag einer Schwingung, welcher in dieser Bewusstseinsebene möglich ist. Erkennt das Konzept der Polarität und lernt zu sehen, dass sich die Dinge, auch wenn sie sich oftmals als entgegengesetzt zeigen, nicht bekämpfen müssen. Versucht, sie einfach nebeneinander stehen zu lassen, sie wahrzunehmen in ihrem Informationsgehalt, aber sie nicht zu werten. Schaut die Dinge an, wie ihr Tiere anschaut. Ihr seht, dass ein Tier einen langen Schwanz und einen flauschigen Pelz hat und klein ist, ein anderes wiederum eine glatte Haut hat und riesengroß ist. Ihr stellt es einfach fest, ihr dürft euch auch eine Meinung bilden, welches der beiden euch besser gefällt, aber lasst beide am Leben. Ihr müsst nicht das bekämpfen, was euch nicht gefällt.

Wir sprechen hier einen sehr komplizierten Sachverhalt an. Denn es geht uns in der jetzigen Zeit sehr darum, dass ihr euch aus dieser alten reptilischen Resonanz herauslöst, die verursacht, dass ihr euch wie Kampfhähne aufeinander stürzt und euch gegenseitig die Federn ausreißt. Schaut euch euren gegenwärtigen Planeten an: Die sogenannten Religionen schüren zu einem emotionalen Krieg im Namen eines offenbar gewalttätigen Gottes. Werdet euch bewusst, ob ihr mit so einer unfassbar gewaltbereiten Szene etwas zu tun haben wollt. Diese Leute, die ständig von Gott reden, haben mit der wirklich liebenden kosmischen Ur-Schwingung (ich lasse das G-Wort jetzt mal draußen ...) in der Regel herzlich wenig zu tun. Denn so wie das wichtigste kosmische Urprinzip der Erhalt der vitalen Schwingung ist, so steht dem nichts so sehr entgegen wie das Vernichten derselben. Wenn also irgendjemand im Namen „Gottes" das Töten (also das Vernichten von vitaler Schwingung) propagiert, weil er sich als „der Gute" bezeichnet und die anderen als „die Bösen", dann vervielfältigt er ein altes Drama. Ein Drama, das die reptilische Rasse vor ein paar Millionen Jahren begonnen hat, auf diesen Planeten einzuspielen, um Angst, Schrecken und Krankheit zu erzeugen, mit dem Ziel, sich davon ernähren zu können. Wir finden einfach, dass es sehr schade ist, wenn ihr als Kanonenfutter endet für sie. Aber ihr müsst euch selbst verteidigen. Nicht mit Waffen, sondern über euer Bewusstsein, indem ihr eure eigene Schönheit und euren kosmischen Ursprung anerkennt und ehrt. Die göttliche (ups, jetzt hab ich's doch gesagt...) Urkraft fließt durch euch. Ihr seid alle absolut göttlich, und es sollte daher gar kein Thema sein, wer auf Gottes Seite ist oder wer nicht. Ihr seid es alle! Ihr steht bloß auf anderen Positionen und seid auf verschiedenen Reisen und Wegen unterwegs. Wenn ihr lernt, zu akzeptieren, dass jeder eine andere Reise macht und auch machen soll (weil ja jeder ganz vollkommen einzigartig ist) und es nicht darum geht, alle über einen Kamm zu scheren, damit „Ordnung und Sicherheit“ herrschen, dann ist viel getan. Ordnung und Sicherheit entstehen, indem ihr lernt, euch anzunehmen und zu lieben, und aus dieser Selbstliebe heraus einseht, dass ihr niemals glücklich sein könnt, wenn ihr jemand anderen bekämpft. Es ist dies eine der Haupttücken der Polarität. Seid wachsam, die Reptilen versuchen im Moment alles, um ihre graue Klaue am Planeten halten zu können. Sie bringen alle alten, abgedroschenen Tricks nochmal auf die Bühne. Sie wollen euch nochmals mit den alten, gruseligen Geschichten erschrecken: vom zürnenden Gott-Vater, der euch strafen und vernichten will, oder mit „Es gibt nicht genug für alle, also rafft, so viel ihr könnt/verteidigt euch, denn ihr werdet angegriffen“-Stories!

Steigt ihr auf diese Dramen ein, so bestätigt ihr sie und haltet sie somit am Laufen. Aber ihr könnt auch einfach diese alte Kassette aus dem Gerät nehmen, sie wegschmeißen oder das Programm auf dem Computer einfach deinstallieren. Ihr seid diese Dramen so gewöhnt, da ihr alle in den vergangenen Verkörperungen immer in diesen

Energien gelebt habt. Doch ihr habt vorher sehr, sehr viel länger ohne sie existiert und könnt es jetzt auch. Sie sind wie ein Gips oder eine Krücke, an die ihr euch so gewöhnt habt, dass ihr denkt, ihr könntet ohne sie nicht mehr gehen. Irrtum! Ohne geht es viel besser! Ihr müsst euch nur trauen und euch darauf einlassen, dass es eine Umstellung sein wird. Die Muskeln, welche lange nicht richtig gebraucht wurden, müssen neu aufgebaut und wieder trainiert werden. Ihr wisst gar nicht mehr, wie fit, gelenkig und wendig ihr seid. Seht ihr, meine Lieben, ihr seid ja alle unterwegs und gebt euch Mühe. Wir sind wie das Publikum bei einem Marathon-Lauf und feuern euch an von der Straßenseite. Ihr seid von niemandes Hilfe abhängig, ihr rennt selbst, niemand kann es für euch tun. Aber es fühlt sich trotzdem gut an, wenn man weiß, es sind ein paar da, welche einen anfeuern und mal eine Flasche Wasser oder einen Power-Riegel zuwerfen. Ihr dürft von vielen liebenden Wesen aus verschiedenen Dimensionen so viel Hilfe und Unterstützung annehmen, wie ihr möchtet. Ihr müsst diese Hilfe nicht wegen uns annehmen, wir haben keine Erwartung, ihr müsst nichts für uns tun. Wesen, die in der Vergangenheit zu euch gesagt haben: „Tue dies für mich, ich bin dein Gott, ich verlange es", haben euch missbraucht. Wir wollen euch nicht missbrauchen. Wir wollen euch nur sagen: „Vorsicht, da liegt was auf der Straße, bitte nicht stolpern." Ihr müsst euren Marathon selbst rennen, eure Wege selbst gehen und eure Lektionen selbst lernen, um eure eigene Kraft zu spüren. Ihr seid als Ganzes, als Planet nahe daran, in etwas sehr viel Größeres und Wunderbares aufzusteigen und einzugehen. Nur weil ihr schon so weit seid, dürfen wir euch von vorne die Hand entgegenstrecken. Schaut nach vorne und nicht nach hinten. Wiederholt nicht alte Dramen von Krankheit, Armut, Krieg und Schrecken. Öffnet euer Bewusstsein der Tatsache, dass eine sehr viel würdigere und kosmischere Existenz in greifbarer Nähe ist. Ja, ihr habt Probleme auf eurem Planeten, so wie es viele Zivilisationen erlebt haben, und sehr viele von ihnen haben die Situation gemeistert. Ihr wart ein paar Jahrtausende fast völlig von Angst kontrolliert, als wenn ihr in einem dunklen Raum eingeschlossen gewesen wärt. Doch die Tür ist jetzt schon mehr als einen Spalt breit offen und es kommt immer mehr Licht herein. Ihr seid alle zusammen mit diesem Planeten unterwegs in eine vielfach beschleunigte Zeit, und das ist gut so. Das Beschleunigen der für euch als Zeit erfahrbaren Qualität eurer Dimension ist nötig, damit sich der Planet und alle auf ihm befindlichen Lebewesen in die neue Raum-Zeit-Dimension hinein bewegen können. Die Tatsache und der Umstand, dass euch eine außerordentlich hohe Beschleunigung bevorsteht, ist ein gutes Zeichen. Denn ihr befindet euch an einem Punkt in eurer Entwicklung, an dem die Zukunft schon sehr stark in euer Jetzt hineinspielt. Nun, seht ihr, meine Lieben, es ist dies immer so: Jedes Ereignis wirft einen Resonanzkegel voraus, genauso wie ein Stein, der ins Wasser fällt und Kreise zieht. Dabei spielt es nicht im Geringsten eine Rolle, ob das Ereignis von uns aus gesehen in der Zukunft oder in der Vergangenheit stattfindet. Was dabei eine Rolle spielt, ist, ob wir auf dem Frequenzband unterwegs sind, auf dem das Ereignis stattfindet, respektive aus unserer Perspektive stattfinden wird. Es gibt für jeden Moment Billionen von Versionen der Zukunft, und quasi im letzten Moment wird euch eine davon zugeteilt – nämlich die, die für euch am besten passt und eurer Resonanz entspricht. Wir bewegen uns auf eine Hyper-Beschleunigung zu. Im jetzigen Moment, wo wir dieses schreiben, befinden wir uns auf der Zeitlinie an dem Punkt des 23. November 2011. Von diesem Punkt aus betrachtet, lässt sich nun sagen, dass in etwa 10 Tagen bis 2 Wochen die Erde von einem Energie-Pfeil getroffen werden wird, welcher euch federführend durch das neue Jahr 2012 begleiten wird. Viele werden sich dabei fühlen, als wenn euch der Ärmel in der Tür eines Formel-1-Wagens eingeklemmt worden wäre (lacht). Diese Energie ist außerordentlich kraftvoll und präzis. Sie wurde sehr, sehr lange vorbereitet, und ihr Eintritt markiert eine der wichtigsten Übertrittstufen, vielleicht die wichtigste neben dem 21. 12. 2012. Das Datum des 21. 12. 2012 wurde von sehr weisen Sehern in alter Zeit mit einer unglaublichen Genauigkeit und Scharfsinn „erspürt". Was wird an diesem Tag geschehen? Vielleicht rein gar nichts, was ihr als ungewöhnlich deuten würdet. Das Einpassen der Erde in die neue, ihr bestimmte Dimension ist ein gigantischer kosmischer Prozess. Es ist so, wie wenn Herr und Frau Planet ein lang erwartetes Baby bekommen. Das heißt: Der ganze Schwangerschaftsprozess war eine Herausforderung, und die Landung wird mit höchster Spannung erwartet. Ob der Eintritt dann wirklich genau an diesem Tag vonstattengeht, kann niemand genau bestimmen. Bezogen auf solche kosmischen Dimensionen ist die Genauigkeit von ein paar Tagen irrelevant. Vielleicht spürt ihr es, vielleicht überhaupt nicht, weil das, was es zu spüren gab, schon auf viele Jahre für euch verteilt war. Es kommt auch etwas auf euch an, was ihr braucht, und das ist man gerade dabei, herauszufinden und zu entscheiden. Ihr denkt immer, dass alles spektakulär und reißerisch sein wird. Vielleicht wird es aber auch ganz leicht und fein sein. Es geht irgendwo eine Tür ganz still und im Geheimen auf und etwas Neues weht hinein wie ein Hauch. Dies ist kein Jerry-Bruckheimer-Film, dies ist das wirkliche Leben, und es bietet euch immer wieder eine Fülle von Überraschungen (lacht). Die hohen Kräfte im Universum wirken sanft und mit einer ungeheuren Eleganz. Sie müssen sich nicht mit Gewalt oder mit Kraft durchsetzen, sie wirken aus sich selbst heraus, aus ihrem unfassbaren Bewusstsein. Bildhaft gesprochen, können sie mit einem Streichholz einen ganzen Planeten aus den Angeln heben und auf ein neues Kissen betten. Seht ihr, die sehr, sehr hohen Kräfte, die dieses Universum lenken, existieren ja nicht nur für *dieses* Universum. Ihre Hingabe an die Entwicklung dieses einen Universums ist nur einer ihrer Aspekte. Der Kern ihres Bewusstseins ragt weit über unser Universum hinaus. Was wir von ihnen erfahren, ist nur ihr Nachklang. Und in dieses riesige Kräftespiel der Universen und Daseinsbereiche seid ihr eingebettet. Ihr seid nicht die Einzigen, es gibt unzählige Zivilisationen in den unterschiedlichsten und verrücktesten Zuständen und Existenzbereichen. Und dies ist nicht die erste planetarisch-kosmische Geburt, o nein. Die kosmischen Planeten-Hebammen sind routiniert und ihr seid alle in allerbester Hand. Ihr könnt aber trotzdem mithelfen im Jahr 2012, indem ihr einfach eure Mitte haltet, euren Atem kontrolliert und im Vertrauen bleibt. Diejenigen von euch, welche ein Kind geboren haben, sind da ein bisschen im Vorteil. Die anderen bekommen es aber auch hin (lacht). Es geht einfach darum, ruhig zu bleiben, wenn etwas, das größer ist als ihr, mit sanfter und liebevoller Gewalt über euch kommt und ihr nichts tun könnt, als euch ergeben und mit der Kraft zu gehen. Und schwupps, schon ist es da.

Es wird sich sehr viel verändern. Die Knospe treibt zur Blüte aus und zeigt sich in voller Pracht. Verwandlung heißt immer auch, dass bestimmte alte Teile absterben. Die Kräfte gehen weiter, die Knospe wird zur Blüte, die Blüte wiederum zur Frucht, die Frucht zum Samen und so weiter. Die Prozesse, die ihr in Pflanzen findet, haben ihre Herkunft im Universum. Die Blumen spiegeln euch kosmische Prozesse, wie sie Planeten und alle anderen Wesen durchleben. Die Erde ist kurz davor, von der Blüte zur Frucht zu reifen, und deshalb fallen ein paar der Blütenblätter von der Pflanze ab und zu Boden. Das ist gut und richtig so. Nur in der Entwicklung und in der Veränderung kann jedes Wesen weiterleben. Die Energie bleibt immer da und gestaltet und formt sich um und gibt sich neuen Formen in verschiedenen Dimensionen hin. Wäret ihr auf einer höheren Bewusstseinsstufe, dann könntet ihr sehen, dass die Prozesse in einer Blume und in einem Stern absolut dieselben sind und es wundersame und geheime Verbindungen gibt zwischen Pflanzen und weit entfernten Sternen. Es bestehen die allertiefsten Resonanzen zwischen Blüten und Sternen. Eure Pflanzen sind Tore für außerirdische vitale Energien, ohne die euer Planet nicht existieren oder überleben könnte in dieser Form. Eure Pflanzen sind alle Wurmlöcher, welche Energien hierher führen aus anderen Dimensionen, und sie bewegen sich im Rhythmus der Sterne. Und ihr tut dies auch! Denn ihr seid komplett aufgebaut aus diesen Schwingungen. Deshalb ist es auch sehr wichtig, sich von hochschwingenden Fasern zu ernähren, da die Pflanzenfasern in hohen Potenzen diese stellaren Schwingungen in sich tragen. Ihr seid vollständig eingewoben in einen gigantischen kosmischen Zusammenhang. Seid euch dessen bitte bewusst in eurem alltäglichen Leben. Es ist sehr wichtig für die kommende Zeit, diese Dinge in eurem Bewusstsein zu tragen. Hohe kosmische Mächte wehen in jedem Moment durch euer alltägliches Leben und ihr seid untrennbar mit ihnen verbunden. Ihr seid vollständig eingebunden und getragen von hohen kosmischen Prozessen. Wenn also der Seegang mal hoch werden sollte in nächster Zeit, dann haltet es euch vor Augen: Ihr seid auf einer Reise zurück zu eurer Herkunft, und die Mächte, die euch begleiten, sind euch freundlich gesinnt und in Liebe verbunden. Die paar Kerle, die euch vom Wegrand her ins Bein beißen wollen, werdet ihr mühelos los, wenn ihr nicht den alten Konzepten von Angst und Furcht Raum gebt, sondern euch an der Schönheit des Universums, die ihr alle in euch tragt, orientiert. Es wäre ja so einfach, wenn man euch für einen Moment nur mitnehmen könnte an einen anderen Ort, zu einem Daseinsbereich von hoher und leichter Schwingung. Ihr könnt es euch gar nicht vorstellen, wie viel an Freude, Leichtigkeit und Schönheit möglich ist. Sofort würdet ihr sagen „O ja, super, dort genau will ich hin!" Ihr würdet dann eure Ärmel hochkrempeln und all eure Energie dafür einsetzen, an diesen Ort zu gelangen. Aber das ist eben eine Regel des Spiels: Ihr müsst euch selbst aus dem Maulwurftunnel nach oben graben. Geht einfach immer davon aus, dass eine Entwicklung hin zu Frieden und Erleuchtung möglich ist und es sehr viele hohe und erleuchtete Wesen gibt, die darauf warten, euch von oben die Hand zu reichen. Ihr könnt bestimmen, an wem ihr euch orientieren wollt, und ihr müsst euch bewusst entscheiden. Von eurer Entscheidung, mit wem ihr schwingen und in Resonanz sein wollt, hängt alles ab. Sucht die Zwiesprache mit Wesen, denen ihr euch nahe fühlt und deren Präsenz euch erfüllt. Durch die kosmische Kommunikation gebt ihr ein deutliches Zeichen, in welche Richtung ihr zu gehen wünscht.

Und noch ein kleiner, beruhigender Hinweis zum Schluss: Die Tatsache, dass der alte Maya- Kalender am 21. 12. 2012 aufhört, zeigt ja deutlich, dass der Planet die dimensionale Erweiterung geschafft hat. Wäre es nämlich nicht so, dann würde die Zeitlinie normal linear weiterführen und das Ereignis hätte sich nicht den alten Weisen der Maya so deutlich gezeigt, weil es ja nicht stattgefunden hätte und so seinen Resonanzkegel nicht hätte auswerfen können. Die Veränderungen sind zum Teil schon da, ihr müsst sie jetzt einfach annehmen. Das „Ende“ der Welt ist also ein Anfang.

Wege der Seele

You were my lesson I had to learn
I was your fortress you had to burn
Madonna „The power of goodbye"

Ein Begleiter, der unablässig mit euch durch die Jahrhunderte gegangen ist, ist die Krankheit. Es ist wichtig, ihre Funktionen besser zu verstehen und sie als Begleiterin zu sehen und nicht als Feindin. Ja, sie kann euch aus dieser Ebene herauskatapultieren. Aber gerade weil die Krankheit eine Form von Kommunikation mit unserem Höheren Selbst darstellt, ist es nötig, das Problem Krankheit nicht nur in dieser Dimension zu betrachten. Lasst uns zunächst einen Blick zurückwerfen, denn Krankheit war nicht immer gleich Krankheit. Sie hat ihre Funktion und ihre Aufgabe im Laufe der Zeit immer wieder verändert und angepasst, um euch auf eurer Reise zu Diensten zu sein. Ja, es ist mir bewusst, dass es für euch seltsam klingen mag, dass die Krankheit euch zu Diensten ist. Aber es ist nun mal ihre Aufgabe, euch in eurem Entwicklungs- und Wachstumsprozess zu unterstützen. Etwas vom Allerwichtigsten ist es, dass ihr das alte Verständnis von Krankheit als Strafe aufgebt. Dieses Drama wurde euch eingespielt, damit die an die Krankheit gebundenen Heilungsprozesse (und der tiefe Sinn des Auftauchens einer

Krankheit ist immer das Bedürfnis des Heilwerdens der Seele) unterdrückt oder zumindest geschwächt werden und ihr auf eurer Reise zurück zur Quelle abgebremst werdet. Wenn wir uns in den feineren Epochen dieses Planeten umschauen, dann war es bis in die atlantische Zeit hinein so, dass es eine körperliche Form der Krankheit nicht gab und sie auch nicht nötig war. Denn es bestand weder die Notwendigkeit noch die Möglichkeit, Korrekturen über das Werkzeug „Krankheit" vorzunehmen. In der neuen, dichten Stofflichkeit der gegenwärtigen Kulturepoche (also seit der Zeit, die eure reguläre Geschichte als den Beginn der Menschheit betrachtet) war es zunächst so, dass sich in diesem nun dichteren Körper die seelische Befindlichkeit in der aktuellen Verkörperung niederschlagen konnte. Ihr seid vor allem auch sehr leicht und schnell an allem gestorben. Es erwischte euch immer gleich: Entzündungen, Verletzungen und geringe Lebenserwartung (im Verhältnis zu heute). Ihr wart zum erstenmal in einer Umgebung, welche euch bis zu einem gewissen Grade feindlich gegenüberstand. Dies steht ganz im Gegensatz zu früheren Phasen der Erde, als die auf und mit ihr lebenden Wesen stets in natürlicher Harmonie in das Zusammenleben mit Gaia eingebunden waren. Die neue hohe und leichte Sterblichkeit gehörte zur damaligen menschlichen Existenz einfach dazu. Die Seele sollte das Auf- und Abtreten auf der Bühne Erde erst mal üben und begreifen. Es ging noch nicht so sehr darum, was auf der Bühne geschah, sondern darum, sich mit dem Verkörpern in diese Dichte hinein vertraut zu machen. Hinzu kommt, dass die Seelengruppe, welche zunächst in diese Zeit hinein inkarnierte, ja mit dem Planeten Erde nicht vertraut war. Durch das schnelle Wiederholen von Tod und Geburt wurde eine stoffliche Verbindung zu dem Planeten aufgebaut. Es handelt sich hierbei um die Seelengruppe, welche auch heute noch denkt, sie kämen aus einer stofflichen Herkunft und dass die Materie sie erschaffe. Nun, es ist ihre Geschichte, es ist ihre Erfahrung.

Die Erde drehte sich also weiter und immer mehr von den älteren Seelen mischten sich vorsichtig, aber stetig wieder unter das Volk. Es war die Zeit, in der man nun größere Stücke auf der Bühne Erde spielte. Es ging nicht mehr nur um den Auf- und Abtritt, nein, ihr wart im Begriff, mannigfaltige Erlebnisse zu sammeln. Und aus diesen Erfahrungen der Seele bildeten sich langsam körperliche Grundkonstitutionen, welche ihr mitnahmt und immer noch mitnehmt in neue Leben als Basis und aus Ausgangspunkt für neue Reisen. Je mehr Erderfahrungen ihr sammeltet, desto reichhaltiger wurde euer Korb an Erfahrungen. Eure Körper wurden je länger je mehr zu einer unglaublich reichhaltigen Zusammenstellung der verschiedensten Spielerfahrungen, die eine immer komplexere und vielschichtigere Körperlichkeit abbildeten. Zu Beginn war es so, dass ihr mit einer Grundkonstellation ankamt, vergleichbar einem Kostüm. Und in diesem Kostüm spieltet ihr das ganze Stück. Im Laufe des Spielens nutzte sich das Kostüm etwas ab und wurde in Mitleidenschaft gezogen. Aber als solches blieb es grundsätzlich unverändert. Ihr musstet durch den Tod in die geistige Welt gehen, um euch ein neues Kostüm zu holen, in welchem ihr die nächste Rolle spielen und neue Erfahrungen machen konntet. Krankheit war in dieser Zeit noch kleinräumig. Das heißt, körperliche Beschwerden entstanden aus der aktuell gelebten Inkarnation heraus und zeigten sich in einem Körper, der aus den vorangegangenen Erfahrungen resultierte. Der noch dichte und flache Frequenzkanal, in dem ihr euch befandet, hätte auch gar nichts anderes zugelassen.

Doch was geschieht nun, seitdem die Erdfrequenz begonnen hat, sich in den letzten 150 Jahren langsam aufzufächern? Die Hohe Seele kann nun auf eine Vielzahl von zurückliegenden Erfahrungen zurückgreifen, die euch vorher, während ihr euch in menschlicher Gestalt auf der Erde befandet, verschlossen waren. Und nun spielt euch das Hohe Selbst eine Vielzahl an alten Erfahrungen ein, welche ihr anschauen und aufarbeiten sollt. Teils sind es Begegnungen mit Seelen, mit denen ihr vormals verbunden wart. In alten Leben war es so, dass wir sehr viel weniger Austausch und Kontakt untereinander hatten. In einem Leben kamen wir in der Regel nur mit wenigen anderen zusammen, es war ein überschaubarer Kreis, in dem wir uns bewegten. Anders heute! Ihr bewegt euch in verschiedenen Kreisen. Unterschiedliche Bereiche und Felder in eurem jetzigen Leben stehen für verschiedene Stränge in eurer Vergangenheit. Sie bilden eigene Szenen oder Gruppen in eurer aktuellen Erdverkörperung. Ihr könnt dies spüren, schaut es euch an und lasst es auf euch wirken. Dies ist sehr heilsam. Und so wie nun eine Vielzahl an alten Bekannten zu euch zurückfindet, so finden auch viele alte Erfahrungen den Weg zu euch, welche euch im Jetzt unmittelbar emotional und körperlich prägen und beeinflussen. Und dieser Prozess ist hochdynamisch und wird es immer mehr.

Entsprechend eurer Bewusstseinsstufe und eurer Schwingungsebene seid ihr in Kontakt mit alten Informationen aus euren vergangenen Verkörperungen. Ihr saugt sozusagen alte Informationen an euch heran (durch Resonanz), die mit eurer aktuellen Lebenssituation einhergehen. Und oftmals sind dies auch Erfahrungen, wo ihr nur die Möglichkeit habt, sie über den Körper aufzulösen. Das Entstehen von körperlichen Befindlichkeiten und Krankheit in der heutigen Zeit ist sehr oft „einfach" das endgültige Auflösen einer alten Erfahrung, die bisher nicht möglich war. Nun, es ist so, dass wir solche Auflösungsprozesse immer während unseres Aufenthalts in der geistigen Welt vollzogen haben. Jetzt ist es aber auch möglich, diese Prozesse anzugehen, wenn wir uns hier in menschlicher Form auf dem Planeten tummeln. Die Seele hat quasi eine Checkliste, nach der sie arbeitet, und da ist sie absolut strikt.

Angenommen, ihr seid sehr gut unterwegs in eurem Leben und dies führt euch an den Punkt, wo die Hohe Seele sieht, dass es jetzt möglich ist, einen alten Knoten aufzulösen. Dann kann euch dieser alte Knoten unmittelbar als physische Krankheit eingespielt werden. Es wäre dann zu eurem Schaden (da es die Entwicklung bremsen würde), wenn das Hohe Selbst warten würde bis nach dem nächsten Tod. Die Seele würde sich also an sich selbst verfehlen. Aus unserer menschlichen Perspektive kann das Auftauchen einer solchen Krankheit ein großer Schock und eine absolute Katastrophe sein. Aber seht ihr, um es mit einem Bild auszudrücken: Es geht immer um das Wohl des Schauspielers (Seele) als solchen und nicht um die Rolle (aktuelle Verkörperung), die er gerade spielt. Sind wir in menschlicher Form auf diesem Planeten hier, dann klammern wir uns an diese Existenz. Krankheit ist das ultimative Symbol für die Bedrohung derselbigen. Dies ist vergleichbar mit dem Moment, in dem der Schauspieler auf der Bühne steht und sich vollkommen mit seiner Rolle und der Situation identifiziert. Er existiert aber nicht aus dieser Rolle heraus, sondern seine Existenz als Schauspieler ermöglicht es ihm, in dieser Rolle eine Erfahrung zu machen. Und so verhält sich die Seele zu unserer menschlichen Existenz: sie ist ihr wertvoll und wichtig, aber das Vorwärtskommen der Seele ist immer übergeordnet. Sind wir also etwa reich, gesund und glücklich und würden in diesem Zustand unsere wertvolle Erdenzeit verschwenden, darf die Seele dieses niemals zulassen, wenn sie jetzt die Möglichkeit hat, den nächsten Punkt auf der Liste anzugehen. Die Seele handelt immer in der Verantwortung sich selbst gegenüber. Wenn es dann für das Heilwerden der Seele von großem Gewinn ist, durch das Erfahren und Erleben eines Krankheitsprozesses auf höherer Ebene zu gesunden, dann muss dieses stattfinden. Wir haben diese Erfahrungsebene hier auf diesem Planeten bekommen, um uns auf einer höheren Ebene zu vervollkommnen und zu entwickeln. Wir entwickeln uns hier für einen höheren Ort, es geht nicht um „kleine“ Resultate auf dem Planeten. Dies mag für viele von euch befremdlich klingen. Ja, es geht darum, daran zu arbeiten, dass es euch hier und jetzt auf der Erde gut geht, dass ihr gesund seid und glücklich, dass ihr in Frieden miteinander hier ein Dasein erschafft. An diesen Dingen sollt ihr arbeiten und sie euch zum Ziel machen. Aber die Seele verfolgt ein höheres Ziel, welches weit über diese Existenzebene hinausgeht, und deshalb ist die Krankheit eines ihrer wichtigsten Werkzeuge, um Aspekte ihrer selbst, welche noch ungeklärt sind, zu klären.

Krankheiten verändern sich im Laufe der Jahrhunderte, und so kann man deutlich sehen, dass sich im Laufe der letzten 100 Jahre die Ursprünge der Krankheiten vollkommen verlagert haben. Sie treten jetzt von einer viel höheren ursächlichen Ebene in eure Systeme ein, gerade auch weil viele von euch dem Ende der Erdenreise als Seele nahegekommen sind. Das heißt, dass sie ihre Vergangenheit auf diesem Planeten fast vollkommen aufgeräumt haben. Und da kann es sein, dass dann noch etwas zum Vorschein kommt, das unbedingt geklärt oder transzendiert werden muss. Bestimmte Dinge können wir über menschliche Erfahrungen im Außen auflösen, über Dinge, die wir tun oder die uns widerfahren und wie wir damit umgehen.

Aber bestimmte Prozesse kann nur unser Freund Körper für uns durchführen, und dann heißt es „stillgestanden und Ruhe bewahren". Auf der Ebene, in der ihr euch heute aufhaltet, ist Krankheit eine Form des Wachstums. So schwierig dies für euch klingen mag: Eure menschlichen Körper sind Verbrauchsmaterial für eure unsterbliche Seele. Es ist dies liebevoll gemeint. Die Seele zerstört ihre physische Manifestation nicht mutwillig, aber sie erschafft den Körper, um ihn für ihre eigene Vervollkommnung einzusetzen. Werdet ihr also krank, bedeutet dies das Folgende: Es gilt, sich seiner selbst anzunehmen und hinzublicken. Oft kann Krankheit nicht rational verstanden werden, aber es ist möglich, mit sich in eine neue Art der Zwiesprache und des Dialoges zu kommen. Eine Krankheit kann euer ganzes Leben komplett durcheinander wirbeln. Das Wichtigste ist: Wehrt euch nicht gegen eine Krankheit, weil es sonst nötig sein wird, dass der Krankheitsprozess mit größerem Druck geführt wird, da ihr zu entkommen versucht. Indem ihr den Prozess annehmt, helft ihr mit, ihn sanfter zu gestalten. Es ist dies eine riesige Herausforderung. Ihr habt eure Ideen von eurem Leben, und Krankheit kann diese zunichtemachen. Die Emotionen, die eine Krankheit mit sich bringt oder auslöst, sind ganz entschieden ein wichtiger Teil des Prozesses. Und so wie ihr lernen müsst, mit eurer neuen körperlichen Situation umzugehen, so müsst ihr dies mit den emotionalen Geschehnissen.

Es gibt Krankheiten, die tauchen als Warnsignal auf. Viele Menschen bekommen quasi eine gelbe Karte von ihrem

Körper mit der Bitte, innezuhalten und hinzuhören. Tun sie dies nicht (da es vielleicht nicht in ihr Lebenskonzept passt), kann der Körper so freundlich sein und noch eine weitere gelbe Karte oder auch zwei präsentieren. Geschieht auch dann nichts, so bleibt ihm nichts anderes übrig, als die rote Karte zu zücken und euch aus dem Verkehr zu ziehen. Manche Seelen ziehen sich dann spontan zurück und beenden die Verkörperung, da es in manchen Fällen keinen Sinn mehr macht, hier weiterzuarbeiten. In anderen Fällen kann, wie gesagt, über eine Erkrankung das Thema gründlich erarbeitet werden. Viele von euch denken, dass es wünschenswert ist, dass die Medizin alles heilen kann, oder noch besser, sämtliche Krankheiten zu verhindern weiß, bevor sie auftauchen. Dies ist schlicht und einfach nicht der Sinn des Prozesses hier. Auch wir sind selbstverständlich der Meinung, dass ihr hier auf diesem Planeten ein weitaus gesünderes Leben haben könnt. Doch seht ihr, Krankheit folgt immer einem höheren Ursprung, einer Ursache im Geistigen. Und etwas, das höheren Ursprungs ist, kann auf dieser Ebene hier nicht vollständig eliminiert werden. Aber ihr habt die Möglichkeit, durch Erweiterung eures Bewusstseins das Wesen der Krankheit besser zu verstehen. Indem ihr immer bewusster und verständiger werdet, was die kosmischen Prozesse angeht, in die ihr eingebettet seid, helft ihr mit, den Prozess immer weicher und sanfter zu machen und im Laufe der nächsten, sagen wir, 150 Jahre in einen quasi krankheitsfreien Zustand als Menschheit zu kommen. Wenn ihr versucht, einer Krankheit im Körperlichen „den Riegel vorzuschieben“, dann wird der Seele garantiert immer etwas einfallen, wie sie über diesen Zaun klettern kann. Ihr seht dies ja sehr gut am Umstand, dass es eure moderne Medizin nicht geschafft hat, Krankheit als solche zu eliminieren.

Sie hat zwar bewundernswerte und bemerkenswerte Errungenschaften und Erfindungen vorzuweisen. Aber sollte es den Wissenschaftlern zum Beispiel gelingen, eine Pille gegen die körperlichen Symptome, sagen wir, einer Krebserkrankung zu finden, so wird es nichts nützen, wenn sich nicht der Patient selbst auf die Suche nach dem Ursprung seiner Erkrankung begibt. Die Seele wird dann einen neuen Weg finden, das Thema im Körper zu manifestieren. Es gibt Prozesse, die sind so viel höher und mächtiger als ihr. Eure Weisheit kann nur darin bestehen, diese anzunehmen und mit dem Prozess zu gehen und nicht gegen ihn. Das unbedingte Verhindernwollen von Krankheit ist eine Gefahr. Ihr müsst euer Bestes geben bei der Sorge und der Betreuung von Kranken, aber ihr müsst auch verstehen, dass man euch nicht auf einer materiellen Ebene reparieren kann wie ein Auto. Heilung findet nicht im Körper statt, aber Heilung kann sich im Körper zeigen. Ihr habt wunderbare Techniken zur Wiederherstellung und Unterstützung eurer Stofflichkeit gefunden. Aber diese alleine heilen nicht. Die Heilung der Seele muss immer dazukommen.

Viele von euch fühlen sich bestimmten Krankheiten ausgeliefert, weil sie „das in der Familie haben“. Nun, lasst uns dies etwas näher betrachten. Wie mit anderen Familienmustern (emotionaler oder finanzieller Art), so ist es auch mit den körperlichen Neigungen, Schwächen und Stärken. Ihr habt sie nicht, weil sie in der Familie liegen oder in euren Genen gespeichert sind. Es ist vielmehr so, dass *ihr* euch diese Familie ausgewählt habt, weil ihr an diesen Themen arbeiten wollt. Seht ihr, meine Lieben, dieser Unterschied ist so wichtig und wertvoll. Sagt ihr, dass ihr die Krankheit habt , weil es in der Familie liegt, seid ihr Opfer. Seid ihr euch aber bewusst, dass ihr diese Dinge in eurer Familie vorfindet, weil ihr euch diese Themen gewählt habt für dieses Leben, dann seid ihr in der Verantwortung, und damit lässt sich etwas tun! Aus dieser Haltung heraus lassen sich Themen, die sich über das Körperliche zeigen, auflösen und transzendieren. Wenn ihr aber glaubt, dass eure Gene alle Macht über euch haben und euch bestimmen, dann wird dies so sein. Seht ihr, die Gene, unsere liebe DNA, ist ein Speicher ähnlich einem Computer. Euer Bewusstsein beeinflusst die darin gespeicherte Information. Niemand von euch käme auf die Idee, dass man nur die auf dem Computer bereits vorhandenen Files aufmachen und benutzen kann, nein! Ihr könnt Files mit neuer Information erstellen und diese erfolgreich speichern. Ihr könnt die Alten, die ihr mögt und noch brauchen wollt, belassen oder sonst einfach löschen. Ihr macht das bei euren Computern mit einer Selbstverständlichkeit. Irgendwoher muss eure Technologie ja kommen. Sie ist ein Abbild eurer Funktionsweisen und Überzeugungen. Das menschliche Gehirn zum Beispiel ist unglaublich viel komplexer als alles, was ihr nachzubauen in der Lage seid. Aber die Funktionsweise ist genau dieselbe. Bei euren Geräten und Maschinen speichert ihr, ohne mit der Wimper zu zucken oder einen bremsenden Gedanken zu verschwenden, die neuesten, praktischsten Files und Anwendungen. Tut das doch bei euch auch mal! Ihr seid nicht Sklave eurer Herkunft, ihr könnt euch eure Software vollkommen individuell und neu gestalten. Manche Neuprogrammierungen gehen leicht, andere brauchen etwas mehr Arbeit. Je nachdem wie lange ein altes Muster gewirkt hat, ist es sehr kräftig und die Materie braucht eine bestimmte Zeit, um die neue Programmierung auszuführen. Man muss das Neue immer wieder mit Geduld, ohne Druck, aber mit Beständigkeit ausführen, dann kann es sich langsam in der Materie zeigen.

Habt ihr also genetisch bedingt die Veranlagung zu einer Krankheit, so braucht es immer einen Auslöser dafür. Jede Stange Dynamit braucht ein Streichholz, um sie hochgehen zu lassen. Dies ist ganz wichtig zu verstehen. Durch euren bewussten Umgang mit eurem Körper und euren Emotionen könnt ihr die Bombe, die in euch tickt, entschärfen. Je nach Ausgangslage kann sie sich nach einer Weile wieder aktivieren, und in diesem Fall muss man eine erneute Entschärfung vornehmen. Ihr seid frei und bestimmt über euch selbst. Doch genau beim Thema Krankheit kommt es für euch zu einem schwierigen Punkt, was Freiheit und Selbstbestimmung angeht. Doch genau darum geht es. Krankheit kommt immer von euch selbst. Ihr werdet also im höheren Sinne nie durch Krankheit in eurer Freiheit eingeschränkt, da ihr mit euch selbst arbeitet. Es ist mir sehr bewusst, dass dies kein Trost sein kann im ersten Moment. Aber es ist wichtig, diesen Sachverhalt zu verstehen, damit ihr eure Opferhaltung aufgeben könnt, welche euch in Bezug auf Krankheit zusätzlich schwächt. Es gab sehr alte Zivilisationen, die hatten ein vollkommen anderes Bild von Krankheit. Dort empfand man bestimmte Krankheiten als eine Gnade, da man sagte, dass ein bestimmter Aspekt einer Gottheit durch einen hindurchgeht, sich seiner bemächtigt. Auch das Sterben an einer solchen Krankheit wurde als Gnade oder gar als Auszeichnung verstanden, da man quasi von einer Gottheit geholt wurde. Gerade Kinder, welche als solche noch verstarben, wurden als besonders rein empfunden, da man sagte, dass sie zu rein seien für diesen Planeten und die Götter sie deshalb gleich zurückhaben wollten. Der Mutter eines solch früh verstorbenen Kindes kam große Verehrung zu. Es war dies eine ganz andere Zeit und ein anderes Bewusstsein, aber lasst euch davon inspirieren, dass euer Umgang mit Krankheit noch nicht das Ende der Weisheit ist. Lasst euch auf die Prozesse ein und blockt sie nicht ab. Es braucht allen euren Mut, doch den hat dieser Planet schon immer eingefordert, darum geht es. Deshalb seid ihr hier.

Wenn ihr krank werdet oder krank seid, dann stellt euch bitte dieser Herausforderung um eurer selbst willen. Es geht dann darum, einen ganz besonders intensiven Prozess mit euch selbst zu führen, der nicht durch die polare Betrachtungsweise „Leben oder Tod" eingeschränkt werden soll. Ihr existiert alle jenseits dieser Teilung in Leben und Tod, und in dieser Absolutheit sollt ihr euch und eure gesundheitliche Situation betrachten. Eine Krankheit ist nicht unbedingt erfolgreich geheilt, wenn der menschliche Körper genesen ist. Vielleicht ist nur ein Teil des Prozesses abgelaufen und zeigt sich zu einem späteren Zeitpunkt wieder, vielleicht nicht einmal in diesem Leben. Und genausowenig ist in vielen Fällen eine Heilung gescheitert, wenn jemand an einer Krankheit stirbt. Die Heilung der Seele kann als wunderbarer Erfolg vor sich gehen und der menschliche Körper wird trotzdem nicht heil und löst sich auf. Versucht auch bitte auf keinen Fall, Krankheit um jeden Preis zu vermeiden. Krankheit ist ein Weg und ein Mittel, heil zu werden. Ihr könnt alle ungesunden Dinge vermeiden (die euch ja zum Teil so viel Spaß machen). Doch tut ihr dies aus Angst, dass ihr krank werden könntet, dann steht ihr in der Tat auf brüchigem Eis, meine Lieben. Seid unbedingt stets im Vertrauen, dass das Universum mit euch arbeitet und nicht gegen euch. Genießt euer Leben bewusst und im Respekt euch selbst und eurem Körper gegenüber und wisst, dass Qualität immer wesentlicher ist als Quantität. Weshalb wollt ihr das ewige Leben hier auf dem Planeten? Ihr habt das ewige Leben eurer Seele, deshalb genießt eure Episode hier unten. Ihr habt nur das Bedürfnis, etwas unendlich auszudehnen, wenn ihr nicht das Vertrauen habt, dass es darüber hinaus weitergeht. Wenn ihr mit eurem Herzen verstanden habt, wie die Dinge wirklich geregelt sind, dann habt ihr das Vertrauen, dass alles Gute, das ihr habt, über diese irdische Ebene hinaus Bestand haben wird. Es mag seine Form und seine Gestalt ändern, aber es geht nichts davon verloren.

In den vergangenen 100 Jahren seid ihr immer mehr und mehr konfrontiert worden mit einem Phänomen, das ihr „Zivilisationskrankheiten" nennt. Lasst uns dies etwas näher betrachten, denn wir können an diesem Beispiel einige wichtige Zusammenhänge nochmals aufzeigen. In euren Augen erzeugt diese eine neue Umgebung, die ihr einerseits als fortschrittlich betrachtet andererseits offenbar auch als euren Bedürfnissen feindlich gegenüber eingestellt. Denn nur so könnt ihr auf die Idee kommen, dass eure Umgebung und euer Leben euch krank machen. Nie wäre ein sogenannter Heide in lange vergangener Vorzeit auf die Idee gekommen, dass seine Umwelt und sein Leben ihn krank machen könnten. Er sah sich als untrennbarer Teil einer Schöpfung. Er sah sich *mit* seiner Umwelt und nicht im Widerspruch zu ihr. Wenn ihr also zu dem Schluss und der Erkenntnis kommt, dass eure Umgebung euch nicht gut tut, dann ändert etwas, meine Lieben, handelt!

Eure Körper möchten gerne Ruhe haben und tanken können über Verrichtungen, die sie bestätigen. Sie möchten nicht nur Dinge tun, die sie nicht erquicken. Und so habt ihr euch im Außen eine Situation geschaffen, die euch gleich einem Mühlstein langsam zerreibt. Das moderne Leben zermahlt euch zwischen den zwei Scheiben eurer Bedürfnisse. Die erste Mahlscheibe ist das Sehnen nach Fortschritt, Wohlstand und Reichtum materieller Art. Die zweite Scheibe ist das Bedürfnis nach Ruhe und Introspektion, Zeit für euch selbst, „Seelenzeit". Beide Scheiben sind wunderbar und ihr braucht sie und ihr sollt sie leben. Es brauchen einfach beide Scheiben so viel Platz, dass sie euch nicht zermahlen und zerquetschen, sondern dass ihr unbeschränkt Energie und Freude aus ihnen beiden beziehen könnt. In den letzten 150 Jahren habt ihr euch so ungemein stark nur auf die eine, neue Mahlscheibe konzentriert. Ihr wurdet so in einen Strudel gerissen, von dem ihr glaubt, er sei die einzige Art zu leben. Doch dies ist natürlich nicht so. Ihr könnt „langsamer" und beschaulicher leben und dennoch modern, fortschrittlich und ungemein viel schneller unterwegs sein, als ihr es jetzt seid. Eine neue Balance zwischen beiden Kräften wird euch sehr gut tun und euch heilen. Viele der sogenannten Zivilisationskrankheiten sind Hinweise darauf, dass euch eure Körper sagen: „Du, übrigens, gell, du merkst schon, dass das längerfristig für uns beide nicht so ganz stimmt..." Ihr habt begonnen, bestimmte materielle Ziele über alles andere zu stellen, ihr seid sehr äußerlich geworden. Das ist absolut in Ordnung, das hat dazugehört. Es ist eine Erfahrung, die es zu machen galt. Und nun habt ihr sie gemacht und solltet weitergehen. Aber viele von euch sind in einer Art Suchtstruktur gefangen. Wie jemand, der am Vorabend zu viel getrunken hat und dann am nächsten Morgen anstatt sich auszunüchtern einfach gleich weitermacht.

Dies sind die „kleinen“ Zivilisationskrankheiten, die aus dem aktuell geführten Leben heraus resultieren: zu wenig Ruhe, falsche Arbeit, falsche Nahrung, keinen hochfrequenten Ausgleich. Auf der anderen Seite gibt es die großen Krankheiten des Blutes, des Gewebes oder der Nerven, welche sich sehr stark verbreitet haben. Diese sind darauf zurückzuführen, dass sich – wie wir schon eingangs erwähnt haben – viele Seelen in einem Prozess des „Großreinemachens“ befinden und alte ungelöste Knoten, zum Beispiel in Form von einer Krebserkrankung, aufarbeiten. Die Ursache von Krebs ist immer unterschiedlicher Herkunft, es ist aber so, dass das Entstehen sämtlicher Formen von Krebs immer mit ungelösten Gefühlen aus der Vergangenheit zu hat. Es gibt ja „kleinere“ Krebserkrankungen, welche behoben werden können und dann aus der Welt sind, und es gibt große, sehr schwerwiegende, welche den Patienten geradezu auffressen. Es ist zu unterscheiden, dass es in bestimmten Fällen so ist, dass das zugrunde liegende Thema in einem bestimmten Rahmen über die körperliche Erkrankung angegangen werden kann und die Seele anschließend wieder in der Lage ist, die „normale“ irdische Laufbahn in Gesundheit weiterzuführen. In anderen Fällen wiederum ist es so, dass der Krankheitsprozess in einer guten Dynamik vonstatten geht (und in diesem Falle meinen wir mit gut, dass die angestauten Emotionen nun über das Körperliche angenommen werden können und verarbeitet werden), sodass das Hohe Selbst noch mehr davon nachliefert. Die Verschlimmerung einer Krebserkrankung heißt oft, dass die Seele den Prozess als sehr hilfreich empfindet und ihn deshalb weiterführt oder verstärkt. Das Interesse der Seele und unser menschliches gehen oft auseinander.

Was ist genau die Grundlage für eine Krebserkrankung? Nun, es ist so, dass alte, ungelöste Emotionen im Astralkörper ab einem gewissen Punkt „faulig" werden, wenn sie nicht bearbeitet werden. Sie beginnen zu gären und bilden im physischen Körper Gewebe- und Zellstrukturen, die ähnlich einem Virus den Körper langsam übernehmen. „Und weshalb sehe ich nicht vor einer neuen Verkörperung, dass ich in Gefahr bin, an einem schweren Krebsleiden zu erkranken, und gestalte meinen Lebensplan entsprechend so, dass ich diese Emotionen integrieren kann und sie gar nicht erst zu modern beginnen?" Nun, dies ist eine vollkommen menschliche Betrachtungsweise, da zu der körperlichen Komponente immer auch eine emotionale gehört, gerade bei einer Krankheit, die aus der Gefühlslandschaft der Seele herausbricht. Man könnte es so ausdrücken, dass der sich im Körper abspielende Teil der Erkrankung die Tür ist und die mit der Erkrankung einhergehenden Emotionen der Schlüssel, der dazugehört. Gewisse Heilverfahren für die Seele können nur zusammen mit der körperlichen und der seelischen Komponente angewendet werden. Das Zittern um das eigene Leben, das „Sich-bewusst-werden" über die Krankheit und darüber, was diese Existenz wert ist, sind integraler Bestandteil der Auflösung des alten Knotens. Diese Zusammenhänge sind sehr wichtig. Die Seele nimmt Krankheit nicht nur in Kauf, sie plant sie auch bewusst in Lebenskonzepte ein.

Nun ist es nicht erstaunlich, wenn jemand an Lungenkrebs stirbt, nachdem er jahrzehntelang als Schornstein durchs Leben gegangen ist. Aber auch hier gilt: Die seelische Grunddisposition löst aus, dass jemand die Lungen mit einem Grauschleier überzieht, weil er als Thema etwas in sich trägt, das mit diesen vom Rauchen betroffenen Körperzonen zu tun hat. Betrachtet man die Ursachen aus dem Geistigen, findet sich bei passionierten Rauchern oft ein emotionales Konzept, welches Zuwendung, vor allem die zu wenig erhaltene oder als zu wenig empfundene Zuwendung der Eltern, verkörpert. Die Lunge steht als eines der Zwillingsorgane immer für das Verhältnis zu den Spiegeln Eltern und Partner. Die durch das Rauchen herbeigeführte Schwächung der körperlichen Ebene hat ihren Ursprung also in der emotionalen Herkunft. Das Gefühl von zu wenig Beachtung und Angenommenwerden von den Eltern kann sich als Thema für die Seele durch viele Verkörperungen in unterschiedlicher Form hindurchziehen. Der Rauch wird quasi zu einem unbelebten Phantom, welches die schwache Elternbeziehung und die daraus resultierende Unfähigkeit, sich einem anderen gegenüber wirklich zu öffnen, als Platzhalter einnimmt. Diese Dinge sind sehr komplex zu erklären und können allgemein eigentlich kaum verdeutlicht werden. Es ist zur präzisen Beschreibung immer ein spezifischer Fall notwendig, bei dem alle Einzelheiten deutlich in einer geistigen Betrachtung dargelegt werden können.

Ihr fragt euch ja immer wieder, ob es sinnvoll ist, sich im Falle einer Krebserkrankung mit den Mitteln eurer Schulmedizin oder alternativ behandeln zu lassen. Nun, ich würde sagen, wenn man in Not ist, sollte man alle Hilfsmittel in Betracht ziehen, nicht wahr, und nichts ausschließen. So wie es nicht klug ist, die sogenannten alternativen Heilmethoden außer Acht zu lassen, so sollte man auch nicht eine falsche Scheu vor der „normalen" Medizin haben. Denn seht ihr, angenommen, ein Patient geht mit seiner Erkrankung sehr effizient um und geht mit sich selbst zu Rate, dann kann eine Ursache im Geistigen quasi wie auf Knopfdruck verschwunden sein, der Körper aber hat unter Umständen immer noch mit den Auswirkungen derselben zu kämpfen. In diesem Falle ist eine Chemotherapie oder eine Bestrahlung äußerst hilfreich und nützlich, welche das kranke Gewebe zerstört. Grundsätzlich sind bei Krebserkrankungen, egal, ob sie akut oder geheilt sind, schwingungserhöhende Maßnahmen sehr, sehr angebracht, besonders über die Ernährung. Es sollte grob schwingende Nahrung wie Fleisch oder andere Tierprodukte unbedingt vermieden werden, ebenso Zucker. Nahrungsmittel mit hohem Grünanteil sollten in der täglichen Nahrung in großer Menge zugeführt werden, wie auch als Ergänzungsmittel (Gräser, Algen und ähnliches).

Sie helfen, alte Schlacken, die der Körper durch den Krankheitsprozess freigibt, abzutransportieren und die gesamten körperlichen Systeme zu erneuern. Präzise Ernährungspläne können aber nur individuell erstellt werden. Über die gezielte Ernährung können auch Belastungen des Körpers, die oft als Nebenerscheinung einer Strahlentherapie auftauchen, gut auskorrigiert werden.

Die zweite Krankheitsgruppe, die näher zu erwähnen ist, sind die neurologischen Erkrankungen, welche über das Nervensystem des Körpers eingespielt werden. Bei den Nervenkrankheiten handelt es sich um einen anderen Prozess, der stattfindet. Es geht nicht um alte Emotionen, die wir mit uns herumtragen, sondern sie sind Prozesse, durch welche die Seele hindurchgehen muss, und zwar in einer menschlichen Form. Das gewünschte Resultat ist nicht möglich ohne Körper. Was wir in Form von Erkrankungen über die Nerven erleben, hat in der Regel mit unserem eigenen Handeln in früheren Verkörperungen zu tun. Eine Reflexion unseres alten Handelns wird in unseren jetzigen Körper hineingeworfen oder hineinprojiziert und unser Nervensystem ist quasi die Leinwand dafür. Es geht dabei oft um physische Erfahrungen, die man ausgelöst hat. Nervenerkrankungen stehen im Zusammenhang mit altem Handeln, welches aufgearbeitet wird.

Und wie sollt ihr mit Krankheit umgehen? Wie sie heilen? Nun, es ist grundsätzlich möglich, Krankheit auf verschiedenen Ebenen zu begegnen, und es steht euch frei zu wählen, ob ihr euch der Aufgabe auf körperlicher, geistiger oder seelischer Ebene stellen wollt. Grundsätzlich empfiehlt es sich, sich aller Bereiche anzunehmen und sämtliche Körper, auch die feineren, mit in den Behandlungsprozess einzubinden. Die Wechselwirkungen können sehr unterschiedlich sein. Es gibt Fälle, in denen man über rein energetisches Heilen den Krankheitsverlauf im physischen Körper stoppen kann, ohne denjenigen schulmedizinisch versorgen zu müssen. Es ist dies jedoch eher selten und war in älteren Zeiten leichter möglich, da die Seelenaufgaben heute sehr viel komplexer sind. Des Weiteren ist es oft so, dass man die Symptome des Körpers beseitigen kann und darüber aber nicht vergessen sollte, auch in den höheren Körpern die Wunden zu schließen, damit der physische Leib nachhaltig in Sicherheit ist. In vielen Fällen ist es hilfreich, sich auch nach einer physischen Genesung weiterhin, zum Teil lebenslang, um das Wohlbefinden und den Ausgleich der höheren Körper zu kümmern. Versucht, eure Schulmedizin und die sogenannten alternativen Methoden nicht als Gegner zu sehen, sondern sie miteinander zu verbinden. Sie greifen in verschiedene Bereiche hinein und können sich wunderbar verbinden. Grundsätzlich sollte es euch immer ein Anliegen sein – egal, wie euer gegenwärtiger Gesundheitszustand ist –, stets achtsam zu sein mit den Wechselwirkungen von Seele und Körper. Gerade in dieser neuen Zeit, in der sich die Prozesse in hohem Maße dynamisieren, ist dies wichtig. Sehr schnell können sich höhere Prozesse im Körper spiegeln, mit der Bitte, beachtet zu werden. Ebenso können auch alte Probleme des Körpers rasch aufgelöst und behoben werden. Seid offen und frei für eine neue und leichtere Dynamik. Heilung kann schnell und leicht sein. Ist sie dies nicht, so heißt dies nicht, dass ihr der Heilung nicht würdig oder auf dem Holzweg seid. Es kann einfach sein, dass der längere Prozess vonnöten ist. Wenn ihr nicht gesund seid und ihr euch wirklich auf eure Situation einlasst und euch der Aufgabe stellt, so könnt ihr gewiss sein, dass die Seele mit Dankbarkeit ihren Weg geht. Und es ist dies von großer Wichtigkeit: Heilung zeigt sich nicht immer im Irdischen. Oftmals wird Heilung im Irdischen vollzogen, aber zeigt sich dann als Frucht erst in der geistigen Welt. Lasst euch auf die Wege der Heilung ein.

Die Wolle der Seele

My life has been a tapestry of rich and royal hue
An everlasting vision of the ever changing view
A wondrous woven magic in bits of blue and gold
A tapestry to feel and see, impossible to hold

Carole King « Tapestry »

Früher oder später kommen wir alle an den Punkt, wo wir – oder genauer gesagt – unsere Hohe Seele beschließt, diese Ebene wieder zu verlassen. Was genau geschieht dann und wohin gehen wir? Nun, die Fortsetzung unserer Reise weg von dieser Bewusstseinsebene gestaltet sich hochindividuell, jedoch gibt es ein paar grundsätzliche Dinge, die wir heute gemeinsam betrachten möchten. Der Tod, das Abstreifen der stofflichen Hülle, welche uns die Erfahrung auf dem Planeten überhaupt ermöglicht, ist lediglich eine Durchgangstüre, die ihr alle bereits unzählige Male beschritten habt. Ihr sollt euch also nicht vor ihm fürchten. Denn der Tod ist euch in jeder Hinsicht wohl vertraut und führt euch – ganz im Gegensatz zur Geburt, welche euch immer in unbekannte und neue Gefilde bringt – in Regionen des Weltalls und in Prozesse, welche euch bestens vertraut sind. Die Schwierigkeiten beim Hinübergehen in die geistige Welt liegen vielmehr darin, dass es für sehr viele von euch nötig ist, eine große Bewusstseinserweiterung zu erfahren, damit ein schmerzloser Übertritt möglich ist. Lebt und sterbt ihr in dem Bewusstsein, dass diese irdische Ebene die allereinzigste ist, so habt ihr natürlich alles zu verlieren und entsprechend wehrt ihr euch dagegen, das Spielfeld zu verlassen. Ihr denkt in diesem Fall, es sei das einzige Spielfeld, das ihr je hattet, und der Tod beraube euch und mache euch arm. Indes, es ist genau umgekehrt. Der Tod macht euch reich, weil ihr bewusst die Fülle der angesammelten Erfahrungen bestaunen könnt, die ihr in der vergangenen Verkörperung erlebt und gesammelt habt. Er ist die Ernte nach getaner Arbeit, und ohne ihn macht alles gar keinen Sinn. Dass der Tod eine ruppige und holprige Schwelle ist, das muss nicht sein. Sie ist auch leicht und elegant passierbar, dies ist jedoch von mehreren Faktoren abhängig. Eine idealer Tod sähe zum Beispiel so aus: Ihr seid zutiefst glücklich über euer gelebtes Leben und habt einen Überblick über eure zentralsten Erfahrungen und wisst, dass alle, und gerade die schwierigen Erfahrungen, euch erlaubt haben, eure Seele weiterzuentwickeln. Ihr empfindet Dankbarkeit für euren Körper, der zu dem Zeitpunkt wohl alt und etwas faltig geworden ist (liebt euch, wenn ihr alt und faltig seid, ihr seid dann so wertvoll wie nie zuvor, weil ihr mehr Erfahrung habt als je zuvor!). Ihr spürt, dass es jetzt richtig ist, weiterzugehen, über diese Ebene hinaus. Wenn ihr dann ganz im Vertrauen seid, dass ihr jetzt gehen könnt, dann ist es möglich, vollkommen bewusst aus dem Körper zu treten und das irdische Kostüm in Liebe abzustreifen. Und schwupps, wo seid ihr dann? Darauf kommen wir gleich zu sprechen, erst noch ein paar weitere Anmerkungen zum Austreten aus dem menschlichen Körper.

Die äußeren Umstände eines Todes können sehr, sehr prägend und entscheidend sein für die Art des Übertrittes und auch bestimmend, wo man auf der anderen Seite herauskommt. Euer Bewusstsein im Moment des Todes, der Abtrennung des menschlichen Körpers von Äther- und Astralkörper, funktioniert wie ein Destinationscode. Eure Gestimmtheit im Moment des Übertrittes bestimmt, wo ihr landet. Das ist, wie wenn ihr dem Computer eines Raumschiffes einen Landeplatz eingebt. Sterbt ihr in großer Angst, so kommt ihr zunächst mal in Kontakt mit denjenigen astralen Bereichen, welche die entsprechenden Emotionen beherbergen. Dieser Kontakt kann sehr kurz sein, ihr rauscht quasi durch diese Gebiete hindurch, oder es kann länger dauern. Im schlimmsten Fall gebt ihr auf dieser Ebene ein Gastspiel als Gespenst (dazu später mehr). Euer Übertritt wird jedoch von der geistigen Welt immer sehr genau begleitet wie überwacht, und euer Team von drüben stellt euch eine Art Reisekanal – ähnlich einem Geburtskanal – zum sicheren Transport zur Verfügung. Dieses Durchrauschen durch die untere Astralschicht ist derjenige Prozess, den viele Menschen, die nach einem Nahtoderlebnis zurückkehren, wahrnehmen. Sie beschreiben es als einen Film ihres Lebens, der an ihnen vorbeigezogen ist. Haben wir diesen ersten, sehr kurzen und kleinen Abschnitt der Reise passiert, so kommen wir zu einer Schwelle, einer Art Lichtbarriere. Hier wir das erste Mal euer Bewusstsein „geprüft“, und zwar in dem Sinne, dass ihr dann merkt, nicht vollkommen menschlich zu sein, sondern dass ihr „dorthin“ in dieses Licht möchtet. Durch euer frei gewordenes Bewusstsein funktioniert ihr wieder „kosmisch“, und ihr verbindet euch über das kosmische Bewusstsein der Liebe mit all euren Lieben und spürt ihre Gegenwart. Dies drückt sich darin aus, dass viele Leute berichten, von geliebten verstorbenen Menschen „abgeholt“ worden zu sein. Diese Seelen haben euch immer begleitet auf eurem Weg auf der Erde, jedoch seid ihr jetzt wieder in der Lage, ihre Präsenz unmittelbar wahrzunehmen und ihre Liebe zu fühlen. Damit einher geht das Bewusstsein, dass ihr „wieder zu Hause angekommen seid“, und es fühlt sich an, wie aus einem Traum erwacht. Er war zwar aufregend, aber ihr habt nichts dagegen, dass er jetzt vorbei ist. Es fühlt sich an, wie wenn ihr zum ersten Mal den Einfall von warmem, hellem Licht fühlt. Ihr habt das Bedürfnis, unendlich lange darin zu baden. Es ist ein unbeschreibliches Gefühl, und man gönnt euch diesen Moment, solange ihr wollt. In diesem Stadium bleiben vielen Seelen bis zur Beerdigung ihrer menschlichen Hülle. Es stellt dies oftmals ein Bedürfnis der Seele dar, einerseits die Lieben zu begleiten, die um einen trauern, und andererseits eure letzte Ehre eurem Körper zu erweisen. Nicht wahr, ich muss vielleicht noch einmal darauf hinweisen: Diese erste Reise-Etappe durch die erste Astralschicht hin zum Licht-Tor ist außerordentlich wichtig. Im Idealfall geht dies sehr,

sehr rasch und ist äußerst aufregend und beglückend. Ihr empfindet große Freude und ein Gefühl von hoher Beschleunigung. Nun gibt es ein paar Faktoren, die euch bremsen können auf dieser anfänglichen Fahrt. Seelen, die in dem festen Glauben übertreten, dass nun alles aus ist nach ihrem Weggang von dieser Erde, können zum Teil sehr lange „liegen bleiben". Das heißt, sie streifen quasi automatisch den menschlichen Körper ab und „tun dann so", als ob Schluss wäre. In diesem Dämmerbewusstsein steigen sie sehr, sehr langsam, Schicht für Schicht, in der astralen Welt auf und erwachen langsam, langsam, langsam...Dabei kann es vorkommen, dass sich eine Seele in diesem Gebiet verirrt und den weiteren Aufstieg verpasst oder nicht findet. Es kann dann eine sehr lange Zeit dauern, bis sie eintritt ins Licht, oftmals wird dann ein Rettungsteam geschickt, die verirrte Seele abzuholen. Wenn dies nämlich nicht geschieht und das Licht-Tor nicht innerhalb einer bestimmten Frist erreicht wird, so wird die Seele zu einem Gespenst.

Was ist eigentlich ein Gespenst? Ein Gespenst ist eine menschliche Seele, die sich auf dem Weg zum Licht-Tor verlaufen hat und Hilfe benötigt, um weiterzukommen. Oder es ist eine Seele, die ganz bewusst und aus einem bestimmten Grund nicht ins Licht gehen will. Es gibt stille Gespenster, die diskret sind und nur dem geschulten Auge fassbar, und es gibt solche, welche sich negativ bemerkbar machen. Bei Letzteren handelt es sich in der Regel um Geister, die in einer negativen Emotion verhaftet sind oder sich weigern, ihren Tod zu akzeptieren. Beiden sollte unbedingt geholfen werden. Es ist auch so, dass jene Seelen, die sich bewusst sind, dass sie Hilfe benötigen, bei Menschen anklopfen, die sie wahrnehmen können. Die Gespenster erkennen die Sensitivität in einem Menschen, die es ihm erlaubt, dem Gespenst aus seiner misslichen Lage herauszuhelfen. Doch wie soll man ihnen helfen? Es gibt dazu verschiedene Techniken und Mittel. Ganz wichtig ist, dass man sich auf keinen Fall fürchtet vor ihnen. Es ist wie beim Tierarzt: Wenn eure Katze oder euer Hund merkt, dass der Arzt einen sicheren Griff hat, dann hält das Tier leichter still. Ihr könnt mental, also telepathisch, mit ihnen reden und ihnen sagen, dass alles gut ist und dass sie ins Licht gehen sollen. Ihr könnt Kerzen und Räucherwerk abbrennen (besonders zum Schluss), und außerdem gibt es bestimmte Gebete aus unterschiedlichsten Traditionen, welche helfen, einen Transportkanal für die Seele zu öffnen. Manchmal bittet eine Gespenster-Seele auch noch um eine bestimmte Verrichtung, die man für sie tun möge, damit ihr die Abreise möglich ist. Ihr müsst euch bewusst sein: Sie sitzen wirklich in der Klemme und benötigen Hilfe. Wenn euch also ein Gespenst findet, dann heißt es immer auch, dass ihr ihm helfen könnt. Grundsätzlich ist es so, dass Gespenstern von „unten", also vom Planeten her, geholfen werden muss, damit sie ins Licht gelangen können. Das Annehmen von menschlicher Hilfe ist für viele wichtig, da es ein Schritt ist, sich selbst zu verzeihen. Eine Vielzahl dieser Seelen scheuen sich, ins Licht zu gehen, da sie glauben, aufgrund einer Verfehlung des Lichtes nicht würdig zu sein. Da braucht es manchmal einiges an Überzeugungsarbeit von unten. Andere wiederum können sehr, sehr leicht durch ein geeignetes Medium sanft auf den Highway nach oben geschubst werden – und weg sind sie. Es gibt große Gebiete, zum Beispiel ehemalige Kriegsgebiete, welche noch „Heimat“ einer großen Anzahl von Seelen sind, die noch immer unterwegs sind zum Licht. Es ist eine sehr große und edle Aufgabe, diesen Wesen zu helfen und ihnen beizustehen. Es wäre für den ganzen Planeten hilfreich, eigentliche Spezialisten-Gruppen zu engagieren, um diese Bereiche zu klären, da sonst in diesen Zonen die Schwingung zu „gären“ beginnt und es zu einem Phänomen ähnlich einer Krebserkrankung im Organismus der Erde kommt. Ich möchte euch alle bitten, dass ihr euch, wenn ihr einem Gespenst begegnet, so verhaltet, wie wenn ihr auf der Straße einem Verletzten oder Hilfsbedürftigen begegnet: Bitte helft ihm, fragt zumindest, ob er etwas braucht. Je weniger ihr Angst habt vor diesen Seelen, desto leichter nehmt ihr sie wahr und desto leichter kontaktieren sie euch. Die meisten von ihnen sind nicht böse, sondern Verletzte, die Hilfe brauchen. Noch ein kleiner Hinweis: Welche Zeichen deuten darauf hin, dass ein Gespenst anwesend ist? Ihr empfindet eine dumpfe Schwere an einem Ort, ihr spürt ein seltsames Frösteln von Zeit zu Zeit, ähnlich einem Durchzug. Dinge sind plötzlich an einem seltsamen Ort (das Verlegen von Gegenständen ist oft ein Versuch der Kontaktaufnahme). Ihr könnt diese Präsenz je nachdem auf Anhieb oder erst nach einiger Zeit im Raum oder im Haus spüren. Ihr werdet dann unter Umständen immer müder körperlich, eventuell auch krank nach einiger Zeit.

So, aber wenn die Seele nun endlich am Licht-Tor angekommen ist, wie geht es weiter? Denn jetzt geht es ja erst richtig los. Nun, zuerst müsst ihr euch mal mit den Überbleibseln eurer alten Stofflichkeit beschäftigen. Ihr habt den stofflichen Körper abgestoßen, aber ihr habt noch euren Ätherleib, und den braucht ihr ja jetzt nicht mehr, da er „lediglich" die Software ist, die euer altes Zuhause „Körper" benötigt hat. Ihr kommt dann in eine Art Pflegestation oder Sanatorium, wo ihr unter Anleitung von euren Lieben und euren Lehrern den Ätherleib langsam auflöst. Dieser Prozess dauert unterschiedlich lange. Manche Seelen wollen es möglichst schnell tun und reißen ihn weg, einem Vorhange gleich. Andere wiederum wollen es genießen und zelebrieren den Prozess und lösen ihn langsam auf, so wie eine Substanz in Wasser zergeht. Dann kommen unter dieser Schale des Ätherischen eure Emotionen der soeben abgeschlossenen Erderfahrung zum Vorschein, und das große Arbeiten beginnt. Wie Wolle liegen nun eure emotionalen Schätze vor euch, und ihr setzt euch daran, diese zu verarbeiten, wie Wolle, die zu Fäden gesponnen wird, um anschließend die Fäden zum Tuche zu weben. Diese Arbeit ist dann zunächst euer „tägliches Brot" in der geistigen Welt. Ihr seid nun, da ihr den Ätherleib gleich der Schale eines Eis aufgebrochen und hinter euch gelassen habt, wieder reine Seele. Alles, was ihr jetzt habt und seid, das müsst ihr auf dem weiteren Weg mitnehmen, und entsprechend eurer Ladung tun sich jetzt Billiarden an Wegen und Bereichen auf. Es ist euch dies unvorstellbar, solange ihr Mensch seid. Am einfachsten ist es, wenn wir uns verschiedene mögliche Wege anschauen, um es euch zu illustrieren. Es vermittelt euch mehr einen Eindruck von dem, was dann geschehen kann, da es ohne konkretes Beispiel kaum artikulierbar ist.

Lasst uns zuerst einen „normalen Weg" betrachten. Jemand stirbt nach einem „durchschnittlichen" Leben. Ein Beruf, eine Familie, Kinder, einige wunderbare Erfahrungen, einige schmerzliche. Nichts, das aus dem Rahmen fällt. Die Seele empfindet dann, wenn sie das Stadium, das wir oben beschrieben haben, erreicht hat, zunächst sehr hohen Dank für alle, welche mitgeholfen haben, die vergangene menschliche Erfahrung möglich zu machen. Die freudigen Erlebnisse werden durch Licht in reine Energie umgewandelt, welche der Seele dann zur Verfügung steht. Ihr seid wie Bienen: Die Freude, die ihr lebt, ist ein Nektar, welcher nachher zu Honig verarbeitet wird. Die echte Freude wird zu diesem Zeitpunkt erst richtig geerntet. (Wichtig: Freude ist eine Lebenshaltung, Freude geschieht einem nicht, Freude erzeugt man selbst durch Bewusstheit!) Nun gibt es auch Dinge, welche euch noch beschäftigen. Dinge, die ihr nicht erledigt oder nicht gelebt habt und wonach die Seele noch einen Hunger verspürt. Und so gilt es, diese Emotionen zu durchleben. Hat jemand seinen geliebten Partner schon vor vielen Jahren verloren und ihn schrecklich vermisst, so wird man zuerst diesem Drang nachgeben, da sonst nichts möglich ist und dieses Bedürfnis alles andere in den Schatten stellt. Und so besteht nun die Möglichkeit des erneuten Zusammenseins, bis sich der „Hunger" danach gelegt hat und ihr wieder nur das Vertrauen spürt, dass diese Verbindung absolut ist. Es ist dann wirklich so, dass ihr ganz konkret und im irdischen Sinne ein Zusammenleben führt wie auf der Erde. Dieses Gefühl, davon nicht genug gehabt zu haben, ist eine Wunde, die versorgt werden muss, damit ihr in Frieden weitergehen könnt. Dies ist das Wunderbare an diesem Bereich der astralen Welt: Ihr könnt euch alles so einrichten und die Dinge haben, wie ihr sie euch wünscht. Ja, es ist wirklich so! Ich weiß, es klingt zu fantastisch für viele von euch, aber es ist nun mal so, dass das Universum fantastisch und großartig ist (lacht…). Die Seelen, welche euch in Liebe verbunden sind, teilen gerne ihre Energie mit euch, und jeder kann sich seine perfekte „Simulation" kreieren, um sich seiner alte Emotionalität zu widmen. Diese Dinge geschehen ja in viel höheren Dimensionen, und je mehr ihr euch klärt und aufräumt, desto wendiger und flexibler werdet ihr, und ihr könnt euch an vielen Orten und mit unterschiedlichen Wesen gleichzeitig aufhalten. Je mehr die Seele an Schwingungsvolumen gewinnt, desto leichter ist es für euch möglich, verschiedene Aspekte von euch unabhängig operieren zu lassen. Es ist dies vollkommen normal und nichts Besonderes. Wir sind alle multidimensional, also lasst euch bitte von eurer gegenwärtigen Verkörperungsform nicht verwirren.

Wenn ihr dann eure dringendsten emotionalen Bedürfnisse gestillt habt, kommt der Punkt, wo eure Lehrer in der geistigen Welt – und jeder hat deren viele – wieder aktiv werden und sich um das weitere Programm für die Seele kümmern. Ihr existiert dann in einem Bereich, in dem sich Ruhe und Weiterbildung die Hand geben. Je freier ihr auf der Gefühlsebene werdet, desto mehr könnt ihr in neue Bereiche der geistigen Welt eintauchen und vordringen. Kommen wir zurück zu unserem Beispiel: Besagte Seele hat sich also sehr lange einer Nachholzeit mit ihrem Partner hingegeben, und je kleiner diese Wunde wird, desto mehr Themen rücken nach zur Betrachtung und Bearbeitung. Einsicht über Fehlverhalten oder Schuldgefühle werden bearbeitet, indem man in einer Simulation die Situation des Gegenübers der damaligen Konstellation erlebt. Und während die betreffende Seele das, was sie ausgelöst oder verursacht hat, selbst durchlebt, kommt sie mit sich ins Reine. Dies ist eine sehr zentrale Technik, die uns nachher noch beschäftigen wird. Und so räumen wir Schritt für Schritt unser altes Leben auf und gestalten unser neues in der geistigen Heimat. Ja, es ist auch möglich, dass wir uns gewisse Dinge simulieren hier in diesem Bereich, welche wir vermissen: Orte, die uns besonders am Herzen liegen. Wir können bestimmte Situationen nochmals erleben, einfach aus Dankbarkeit für diesen unvergesslichen Moment. Es sind diese „perfekten Momente" Edelsteine für die Seele, welche sie für immer in ihr Schatzkästchen legt. Es geht dabei nicht primär um Spaß (obwohl diese Dimension wohl die Letzte wäre, die mit Spaß ein Problem hätte…) sondern darum, dass wir von den Bedürfnissen, die wir noch hegen, frei werden. Dies können wir nur, indem wir diese Bedürfnisse leben. Ihr könnt diesbezüglich schon jetzt in eurer menschlichen Form eine große und wichtige Vorarbeit leisten, wenn ihr euch und eure Bedürfnisse in der Tat sehr ernst nehmt. Denkt nie „Ah, gut, wenn ich das jetzt verpasse, kann ich es in der geistigen Welt nachholen". Nein, so funktioniert es nicht. Es zählt in äußerst starkem Ausmaße, was ihr euch zu leben getraut habt auf dem Planeten. Darin liegt die Kraft eures geistigen Wachstums. Erspart euch nicht, lebt euch!

Doch wie sieht nun diese Phase in der geistigen Welt aus, wenn jemand „böse" war? Es ist dies ein Thema, das viele von euch beschäftigt. Gibt es etwas wie Gerechtigkeit? Ja, die gibt es. Nicht Gerechtigkeit im menschlichen Sinn, aber in einem kosmischen Sinn auf jeden Fall. Und wie sieht diese aus? Angenommen, jemand stirbt als mehrfacher Mörder, so kann es in vielen Fällen sein, dass die erste Reise-Etappe schnell und leicht bewältigt wird und die Seele beim Licht-Tor ankommt, als wäre nichts gewesen. Nun ist es aber so, dass wenn die Seele ihre emotionale Wolle striegelt, sie damit konfrontiert wird, dass sie absichtlich und willentlich Leben vernichtet hat. Eine Seele kann sich dann stur auf den Punkt stellen, dass sie nicht falsch gehandelt und sie sich nichts vorzuwerfen hat. Dadurch bleibt aber ein dicker Knoten Wolle zurück, der nicht über den Kamm gestriegelt werden kann, geschweige denn zu Fäden gesponnen. Das heißt, durch ihre Uneinsichtigkeit blockiert sich die Seele im eigenen Entwicklungsprozess. Trotzig kann die Seele in diesem Fall sehr lange in diesem blockierten Zustand verharren. Früher oder später wird aber der Wunsch weiterzugehen so stark, dass die Seele gezwungen sein wird, ihre Taten zu verarbeiten. Denn aus diesem „Spinn-Zimmer" heraus zur weiteren Entwicklung gibt es keinen anderen Weg als den über das Striegeln sämtlicher Wolle. Da ist die geistige Welt vollkommen strikt, an diesem Prozess führt kein Weg vorbei – für niemanden. Die Seele muss also zur Einsicht gelangen, dass sie diese Taten annehmen und anschauen muss, und dies führt dazu, dass sie sämtliche Emotionen und Erlebnisse des damaligen Gegenübers auf sich nehmen muss. Konkret sieht dies so aus, dass in einer astralen Simulation die Seele alles erlebt, was sie verursacht hat, und zwar wirklich alles: die Todesangst des Opfers und die eigene Gewalttätigkeit. In dem Moment wird ihr richtig bewusst, was sie getan hat. Sie gewinnt durch diesen Prozess die Einsicht über ihr Fehlverhalten und spürt, dass das Töten von anderen in erster Linie sie selbst als Seele in großem Maße geschwächt hat. Die Bilanz der emotionalen Wolle ist dann in der Regel negativ, was einen sehr schlechten Ausgangspunkt für eine nächste Verkörperung bildet. Jedoch ist genau in diesen Fällen ein weiteres Verkörpern unumgänglich, um die Schwingung zu korrigieren. Dieser Prozess macht deutlich, dass alles, was wir verursachen, auf uns zurückkommt. Wir können davor wegrennen, aber eines Tages wird eine Konfrontation mit unseren Taten unumgänglich. Es ist Teil unserer Eigenverantwortung. Und entsprechend ist es so, dass wenn jemand sehr viele Menschen getötet hat oder für deren Tod verantwortlich ist, er alles selbst durchleben muss, will er von diesem Punkt aus weiterkommen. Es gibt Wesen, die in der jüngeren Vergangenheit diesen Planeten aufgesucht haben und gedacht haben, es sei ein Kinderspiel und sie hätten alles im Griff, unter Kontrolle und könnten so zum Spaß mit euch machen, was sie wollen. Doch auch sie unterliegen demselben Prinzip, und es liegen Äonen von Arbeit vor ihnen, wollen sie wieder nach vorne kommen. Wer tötet, zerstört immer in erster Linie sich selbst. Alles, was wir geben, trifft uns selbst.

Hier in der geistigen Welt sind wir nun zusammen mit alten Freunden und schließen neue Freundschaften. Wir können so eine wirkliche Ewigkeit in Freude und Kurzweil zubringen. Wir müssen nicht inkarnieren, wenn wir keine Lust haben, denn dies ist unsere Heimat. Dort wohnen und leben wir wirklich. Es ist ein bunter Bereich, und ihr seid Freund mit Wesen aus unterschiedlichsten Hierarchien und Dimensionen. Ihr lebt in dem Bewusstsein, dass alles eins ist, ihr unterliegt nicht mehr der Illusion der Trennung und könnt euch demnach leicht mit allem verbinden. Selbstverständlich könnt ihr auch immer bei gerade verkörperten, lieben Seelen präsent sein und diese begleiten. Es ist dies vollkommen normal, jeder von euch ist umgeben von seinen Lieben. Wie ich schon erwähnt habe, der Tod verändert die wesentlichen Dinge im Universum nicht. Was sich liebt, das liebt sich, vorher und nachher.

Alle, die aber einen Teilnahmeschein im Erd-Spiel besitzen, die zieht es dann wieder mal nach unten, da es dort wertvollste weitere Erfahrungen zu sammeln gibt, die die Seele auf keinen Fall verpassen will. Bereitet eine Seele eine weitere Verkörperung vor, so setzt sie sich mit ihren Lehrern zusammen, und man entwirft ein Konzept, ähnlich, wie man einem Schauspieler eine Rolle auf den Leib schreibt. Es geht darum, zu schauen, wie eine nächste Erderfahrung aussehen soll, um euch weiterzubringen, und in welchen Situationen wir Seelen finden auf dem Planeten, mit denen zusammen wir diese Verkörperung machen und die uns behilflich sein können. So werden in der Regel erste Konzepte gemacht, und es wird nach einer möglichen „Bühne" gesucht, auf der ihr spielen könnt. Manchmal ist es ganz klar, und es kommt nur eine in Frage: die oder keine! Und in anderen Fällen gibt es mehrere Optionen und die Entscheidung wird in letzter Sekunde getroffen.

Was sind Entscheidungsgrundlagen für Themen einer neuen Verkörperung? Nun, nachdem ihr eure emotionale „Wolle" zu Fäden gesponnen und zu Tuch gewoben habt, werden bestimmte Teile dieser Wolle übrig bleiben, und es zeigen sich die Themen, welche ihr weiter zu bearbeiten wünscht in einem neuen irdischen Leben. Es gibt dabei bestimmte Seelenthemen, Themen, welche die Seele fast immer oder zumindest sehr häufig mit ins Spiel nimmt, weil sie ihren Charakter ausmachen und ihre Individualität. Dann gibt es Themen, welche uns ein paar Leben lang beschäftigen, wie Themen in einer Grammatik, für die es mehrere Kapitel braucht, um sie zu bewältigen. Und es gibt Kurz-Themen, welche nur in einem Leben aufblinken und dann erledigt sind.

Lasst uns nochmals kurz über die Auswirkungen des Tuns in menschlicher Form sprechen anhand eines angenehmen Beispiels. Angenommen, jemand hat in einer Inkarnation etwas geschaffen, was eine große Anzahl von Menschen über eine lange Zeit hin erreicht und ihnen zu großer Freude und Erfüllung gereicht hat. Nehmen wir zum Beispiel den großen Johann Sebastian Bach, welcher mit großem Eifer und riesiger Schaffenskraft einen Schatz von unschätzbarem Wert hinterlassen hat. Die Kräfte, die er zu diesem gewaltigen Werk benötigte, kamen aus einer seiner früheren Verkörperungen, welche er umarbeitete und weiterspönn. Kunst dient Seelen oft dazu, die Erfahrung aus tiefen spirituellen Verkörperungen weiterzutreiben und fortzuspinnen. Und so fand sich die hochverehrte Seele in einer zutiefst irdischen und weltlichen Situation wieder. Johann Sebastian Bach empfand dazu gleichzeitig diesen unstillbaren Drang nach Beschäftigung mit dem Absoluten, welches ihn sein ganzes Leben unablässig rief. Unter großer Anstrengung wandelte er die alten Kräfte seiner Seele um, indem er Musik „formulierte“, die nun gleich einer Kapsel durch die Zeit reiste und viele Generationen erreicht hat. Doch was hat das für einen Einfluss auf Bachs unsterbliche Seele? Nun, es ist so, dass ein Aspekt von ihm – also seine Musik, die unverkennbar seine Signatur in sich trägt – ihn hier weiter vertritt. Nach dem Gesetz der Heilenergie und dem Prinzip, wonach das zurückkehrt, was gegeben wurde, setzt für ihn dadurch eine unglaubliche Kräftigung ein. Er erfährt eine fortwährende zusätzliche Stärkung seiner Seelenenergie durch das, was seine Musik hier auf dem Planeten bewirkt.

Und so geschieht es umgekehrt, dass sich etwa Despoten, welche unsägliches Leid und großen Schmerz und Trauer über ganze Völker und Zivilisationen gebracht haben, über eine sehr lange Dauer mit dem Wirken ihrer Handlungen auseinandersetzen müssen. Die davon ausgehende Schwächung ist außerordentlich massiv und sie erleben, wie alle ihre Taten auf ihre Seele zurückfallen.

Versucht, dieses kosmische Prinzip zu verinnerlichen, ihr gewinnt sehr viel damit. Ihr alle besitzt als Gemeinschaft einen Leib, an dem ihr alle Anteil habt. In Wahrheit ist es nicht möglich, zu trennen, ob ihr euch oder jemand anderem etwas tut. Im Guten wie im Schlechten. Ihr erinnert euch, die Trennung in Objekt und Subjekt ist eine Täuschung, eine verschärfte Spielsituation für euer Training hier auf dem Planeten.

Die Revolution des Herzens

Ich will dir nur sagen,
ich will, dass du weißt:
Die Suche geht weiter.
Wenn wir kurz halten,
dann nur, um zu sehen,
dass der Weg, den wir gehen,
schön und doch steil ist,
ein Stück nur vom Teil ist.
Die Suche geht weiter,
die Suche geht weiter
nach vorn.

Rosenstolz „Die Suche geht weiter"

Nun, meine lieben Freunde, da wir uns so langsam dem Ende dieses Buches nähern, wächst in manchem von euch vielleicht die Frage: „Wie sollen wir das alles bloß schaffen, es gibt noch so viel zu tun, vieles rast den Berg runter, und ich habe nicht genügend Hände, alles anzuhalten und aufzufangen?" Es sind keine übermenschlichen Taten nötig, um es gut und richtig zu machen. Es braucht nur Mut und die Bereitschaft, die Dinge ohne die geringste Furcht anzupacken und sich den Herausforderungen des Lebens auf diesem Planeten und vor allem euch selbst zu stellen. Habt den Mut und die Freude, unvollkommen und unterwegs zu sein. Es geht nicht um absolute Vollkommenheit, es geht vielmehr um Dynamik,

Mut und Freude. Stellt eure erschaffenen Systeme nicht über euch, sondern geht durch sie hindurch. Erneuert sie nach euren Bedürfnissen, so wie man Kleider manchmal enger oder weiter machen muss. Und seid euch auch bewusst, dass es für diesen Weg, den ich versucht habe, für euch in Freundschaft und Liebe zu skizzieren, eine lange und alte Tradition gibt. Mutige Seelen sind ihn bereits in früheren Jahrhunderten für euch gegangen, und ihr könnt ihnen nachfolgen, ihnen nachfolgen auf einem Weg, der einzig und alleine darin besteht, sich einen ureigensten Pfad zu schaffen. Schafft ihn nicht in der Hoffnung, dass ihn jemand nachgeht. Es ist dies weder sinnvoll, noch ist es nötig. Es gibt einen eigenen Weg für jeden von euch. Dies sollt ihr ehren und schätzen lernen und euch nicht davor fürchten, einen Weg einzuschlagen durch ein Gebiet, wo niemand anderes auf die Idee kommen würde durchzugehen. Wie könnte es auch jemand anderes für euch tun? Ihr seid alle einmalig und einzigartig. Es ist Ausdruck der unbegrenzten kosmischen – oder göttlichen, wenn ihr dies mögt – Kreativität. Denn in einer Wüste voller Sand sind keine zwei Sandkörner genau gleich. Das gleiche gilt für euch. Ihr bildet zusammen eine riesige Sanddüne, aber doch ist jedes Sandkorn von euch vollkommen einzigartig und individuell. Und diesen Umständen sollt ihr Rechnung tragen. Ihr seid ein einmaliges Sandkorn und ihr seid Teil einer höheren Gemeinschaft. Und in diesem Spannungsfeld mit seinen Herausforderungen liegen Erleuchtung und Erlösung. Sie sind beide nicht fixundfertig und auch nicht irgendwo vollkommen eingegraben im Sand, nein. Vielmehr sind sie ein staubfeines Pulver, welches vermahlen überall im Sand gleichmäßig verteilt ist. Dies hat den großen Vorteil, dass ihr überall, und ich meine wirklich überall, Erleuchtung und Erlösung finden könnt, wenn ihr euch darauf einlasst. Sogar wenn ihr es nicht seht, spürt oder riecht, ist es einfach da. Super, oder? Es geht nicht darum, in den entlegensten Winkeln der Welt danach zu suchen. Ihr müsst nicht einmal vor die Haustür gehen, das ganze Universum liegt euch jederzeit vor den Füßen. Findet also zunächst und in allerersten Linie zu euch selbst und klärt eure Wünsche und Bedürfnisse. Dies müsst ihr aber tun, daran führt nichts vorbei, wenn ihr euch auf den Weg machen wollt. Buddha spürte, dass kein Reichtum der Welt ihm das wahre Glück sichern konnte. Er verstieß gegen die familiäre als auch die soziale Ordnung. Nicht, weil er sie brüskieren oder seine Familie verletzen wollte. Es ging einzig und allein darum, dass er einsah (das hohe kosmische Wesen, das er ist), dass er sich selbst in seinen Empfindungen ernst nehmen musste und es keinen anderen Weg gab für ihn als den, welchen sein Inneres ihm aufzeigte. Es geht nicht darum, revolutionär zu sein im Sinne von sich Auflehnen gegen etwas Äußeres, das einem nicht gefällt. Es geht darum, revolutionär zu sein, indem man sich selbst vollkommen ernst nimmt und in Liebe zu sich handelt. Nur so können wir in Liebe für andere Menschen, Tiere, Pflanzen und den ganzen Planeten handeln. Wenn ihr eine Revolution aus Wut heraus führt, dann könnt ihr so viel in Trümmer und Stücke hauen, wie ihr wollt – ihr werdet nie Frieden finden, bis ihr euch nicht hinsetzt mit euch selbst und euch zuhört, geduldig wie einem Kind, und herausfindet, woher diese Wut kommt. Sprüht ihr sie wild nach außen, werdet ihr sie multiplizieren, und sie wird immer und immer wieder zu euch zurückkehren, bis ihr eines Tages in der Lage seid, sie zu entlassen. Die Revolution des Herzens ist der kosmische Meisterweg. Einige sind ihn bereits gegangen, ganz für sich. Ihr Beispiel kann Inspiration sein, jedoch kann sie nie den eigenen Prozess ersetzen. Manche von ihnen sind auf der ganzen Welt bekannt, andere sind in keiner menschlichen Erinnerung präsent, und die Summe ihrer Wege hat dazu beigetragen, den Planeten als Ganzes zu stabilisieren und zu erhalten. Es bricht eine Zeit an, in der immer mehr von euch in der Lage sein werden, einen solchen Weg zu beginnen. Es geht nicht darum, den ganzen Weg zu beschreiten. Denn wer weiß schon, was „ganz" bedeutet? Es reicht, einen Fuß vor den anderen zu setzen und zu schauen, durch welche Gefilde der Pfad euch führen mag. Es geht um den Prozess und nicht um das Produkt. Eure alten religiösen Wege erzählen von Heiligen oder Meisterinnen oder Meistern (wie wir sie lieber nennen wollen), welche aus ihrer inneren Kraft in Liebe und Frieden Dinge taten. Darin liegt der Schlüssel: das Leben aus einer liebevollen inneren Notwendigkeit zu lenken und nicht aus einem Willen heraus, einem „Muss". Selbstverständlich gibt es sehr viele Heilige, die nicht aus sogenannten „religiösen" Traditionen stammen. Spiritualität findet ja in allen Bereichen statt, und Religion hat in vielen Fällen nichts mit Spiritualität zu tun. Seid da aufmerksam und schaut genau. Wagt euch, „heilig“ zu sein! Es ist ein riesiges Abenteuer und ein großes Unterfangen, und genau deshalb seid ihr hier. Zeigt den Systemen in Liebe ihre Grenzen auf und erweitert sie – in Liebe!!! Ich kann dies gar nicht oft genug betonen!

Eine innere Zwiesprache mit euch selbst kann sich spektakulär in einem gigantischen künstlerischen Oeuvre äußern, oder sie kann für die Außenwelt vollkommen unbemerkt vonstattengehen. Denkt nicht „Produkt orientiert“, es geht nur um den Prozess. Nehmt dankbar und mit Interesse auf, was entlang des Weges als „Nebenprodukt“ entsteht und euch zu Füßen fällt. Es geht darum, nicht mehr zu „wollen“. Das ist die große Meisterstufe, vor der ihr euch fürchtet, da ihr Angst habt, euch aufzulösen, und mit euch euer Wille. Euer Wille, mit dem ihr doch „so stark seid“ und der „immer kann und immer muss“ (lacht). Euer Wille hat seine Zuständigkeitsbereiche und er hat euch als Navigator durch eine große Kulturepoche geführt. Aber er ist erschöpft und müde, langsam, aber sicher kann er nicht mehr und hat seinen Dienst getan. Und so geht es nun darum, eine neue, höhere und intelligentere Steuerfunktion in Betrieb zu nehmen. Wie die aussieht? Nun, ihr seid gerade dabei, etwas zu bauen. Es scheint mir, dass das ganz interessant werden könnte…

Euer Wille ist oft bloß da, um euch von Dingen fernzuhalten, vor denen ihr euch fürchtet, und so müssen sie denn auch geschehen, wenn ihr eine bestimmte Schwelle übertreten wollt. Eure Ängste sind die Dinge, die euch zurückhalten und blockieren. Geht durch sie hindurch, wenn ihr sie auflösen wollt, es ist der einzige Weg. Und wenn ihr denkt, dass sie euch auslöschen werden, nun gut. Vielleicht mögen sie euer altes Ich auslöschen, aber in vielen Fällen ist dies nötig, um in einer neuen Gestalt sich selbst zu begegnen. Lernt, in einer liebevollen Absicht zu leben und nicht einem Willen zu folgen, der euch verletzen wird. Der Wille ist mächtig, aber er ist ein Tyrann. Er regiert bloß ein kleines Gebiet und ist rasch mit komplexen Situationen, Krankheit und Wundern überfordert. Überall, wo eine höhere Realität in euer Leben eindringt, verschlägt es ihm die Sprache.

Und lasst mich ganz zum Schluss noch ein Wort zum Maya-Kalender sagen, der so vielen von euch im Kopf herumschwirrt. Seine Verfasser waren hohe Eingeweihte, Weise mit einem höheren Blick auf die Dinge – auf die vergänglichen wie auf die unvergänglichen. Wäre die Kernaussage des Kalenders der Untergang der Welt, so hätte man euch die Botschaft auf anderem Wege zukommen lassen. Vielmehr ging es darum, als Geste der Demut eine Skizze der damals erfassbaren Zukunft zu zeichnen. Der Maya-Kalender ist ein altes rituelles Hilfsmittel des sich Vereinens mit einer hohen kosmischen Schwingung. Es ging darum, sich über die Strukturierung des Universums und dessen Verlauf „ein Bild von Gott" zu machen, ihn in Zahlen zu malen und ein Zeichen der

Demut und der Verehrung zu setzen. Nie hätten sich die Weisen angemaßt zu prophezeihen. Es ging ihnen um eine Bewusstseinsverschmelzung. Das Aufmalen des alten Kalenders war ein Liebesdienst an die Gottheit, wie das Herstellen einer mittelalterlichen Bibel es auch war. Schaut den Kalender nicht mit euren Augen an. Sie dachten nicht dasselbe, was ihr jetzt denkt. Der Kalender ist ein physisches Überbleibsel einer geistigen Schau, er ist die „sterbliche Hülle" eines spirituellen Prozesses. In Liebe und Hingabe wurde das Erfassbare der damaligen Zeit zusammengetragen und eingefasst, und ich sage es nochmals: als Zeichen der Verehrung des Kosmisch-Göttlichen. Die alten Maya-Priester würden sich gehörig am Kopf kratzen, müssten sie sich eure Spekulationen über ihre „Kathedrale im Geiste" anhören. Jedoch, das müssen sie nicht. Sie sind frei und haben einen neuen Platz gefunden, irgendwo anders im Universum. In einem Universum, das sie schon zu Lebzeiten angenommen haben – hier auf diesem Planeten.

Anhang

Übungen zur Anhebung der eigenen Frequenz

Die Sonnenmeditation

Die Sonnenmeditation ist eine kleine Urübung, die euch mit zusätzlicher kosmischer Energie versorgt. Jede Pflanze kann das! Ihr eigentlich auch, bloß habt ihr es vergessen. Also höchste Zeit, euch da wieder auf Vordermann zu bringen. Die Übung ist denkbar einfach und es geht eigentlich bloß darum, das Kabel wieder einzustecken. Das Aller-, Allerwichtigste für diese und sämtliche anderen Übungen ist, dass sie mit Freude und vor allem aus Lust gemacht werden. Auferlegt ihr euch, die Übungen zu machen, dann sind sie vollkommen nutzlos, weil ihr sie dann mit dem Kopf und dem Willen macht. Das ist, wie wenn man eine schöne Flasche Wein auf den Boden gießt statt in ein Glas. Wenn ihr nicht das Bedürfnis verspürt, diese Übungen zu machen, dann ist es nicht der Zeitpunkt.

Ihr kennt alle dieses Gefühl, wie es ist, wenn man nach einer längeren dunklen Periode das erste Mal wieder in die offene Sonne tritt. Dieses wonnige Prickeln...herrlich! Und diesen Zustand sollt ihr in euch aufnehmen. Ihr könnt euch in die warme Sonne stellen und diese Sonnenenergie bewusst über das Herz-Chakra aufnehmen. Die Sonnenenergie korrespondiert mit dem Herzen. Ihr könnt dies spontan machen, wann immer es euch in den Sinn kommt. Herz auf, Sonne rein! Und zwar auch wenn es vollkommen dunkel ist. Das Urwesen „Sonne“ ist ja mit seiner Schwingung immer präsent, es bescheint euch konstant. Es findet in dieser kleinen Meditation eine „Anbetung“ statt, welche zu großer Kraft verhilft. Ihr werdet die Sonnenebene immer mehr und mehr spüren. Es ist eine Bewusstseinserweiterung, und ihr bringt euch in eine neue kosmische Verbindung. Ihr legt damit quasi einen direkten Schlauch zur Sonne, die euch beliefert. Alle die von euch, welche eine starke Hippie-oder Indianer-Vergangenheit haben, werden diese Übung lieben.

Universelle Dankbarkeit

Es ist dies eine der großen Urübungen, welche wir von den Engeln und hohen Hierarchien hier wieder neu gelernt haben. Und wir können euch nur empfehlen, sie aufzunehmen. Ihr könnt damit ein großes Gitter, welches euch noch umhüllt, wegsprengen. Es geht auch hier um eine Bewusstseinssteigerung. In eurer Zeit und in eurem Kulturkreis ist es für euch normal, in großem materiellen Wohlstand zu leben. Niemand soll ein schlechtes Gewissen haben wegen seines Wohlstands. Bitte tut dies auf gar keinen Fall, denn damit sendet ihr eine große negative Energie aus. Vielmehr ist es wichtig, eine große Freude und einen absoluten Dank zu empfinden für die schönen Dinge, welche euch zur Verfügung stehen. Ihr müsst vielleicht für euch herausfinden, wie sich der absolute Dank anfühlt. Es ist nicht der Kniefall vor einer Gottheit oder das „Sich-in-den-Staub-werfen" vor einem Wesen, das gibt und wieder nimmt, o nein. Es geht vielmehr darum, die kosmische Fülle zu erleben, und wir finden die Fülle auf jeder Stufe. Wir haben immer und in jedem Moment etwas, wofür wir Dank empfinden können. Es können kleinste Winzigkeiten sein, sogenannte „unwichtige Nebensächlichkeiten", die aber unsere Schwingung anheben. Zum Beispiel dass es im Supermarkt Karotten zu kaufen gibt. „Das ist doch aber selbstverständlich!" Nein, dies ist es nicht, und auch wenn es so wäre: Auch über selbstverständliche Dinge soll man sich freuen, weil man sie dadurch ehrt und ihnen mehr Wert gibt und sie energetisch veredelt.

Oder dass euch der Zug einfach in eine andere Stadt gefahren hat. Oder dass ihr ein Lied gehört habt, das euch glücklich gemacht hat. Wir haben meist verlernt, diese Schwingungsanhebung bewusst wahrzunehmen. Es ist so, dass ihr, wenn ihr jemanden sehr liebt, diesen Menschen immer wieder schön findet, Tag für Tag, egal, wie lange ihr zusammen seid. Da wirkt diese Urkraft unablässig in eurem Bewusstsein. Übertragt dies auf sämtliche Lebensbereiche. Wenn ihr die Fähigkeit zur universellen

Liebe erlangt habt, dann könnt ihr eigentlich nicht etwas lieben und etwas anderes nicht. Ihr seid dann in dem kosmischen Bewusstseinszustand des Liebens. Dieser Zustand ist in eurer Dimension über längere Zeit nicht rein erlebbar. Macht euch also nicht wahnsinnig, wenn ihr zwischendurch abstürzt von der Liebesfrequenz, noch seid ihr menschlich. Umso schöner ist es dann, wenn ihr sie wieder fühlt.

Bringt den Dingen in eurem Alltag Wertschätzung entgegen, nehmt nichts für selbstverständlich, seht alles als ein Wunder. Nehmt damit euer ganzes Leben und eure ganze Umwelt neu an und auf. Dies wird sich für euch so anfühlen, als wenn euer Fernseher plötzlich von schwarz/weiß auf farbig schaltet. Nicht immer, aber immer öfter. Es ist eine große und wichtige Übung.

Loslassen

Lasst euch einfach mal auf die Idee ein, dass es höher entwickelte Wesen gibt, die euch in Liebe zugetan sind. Erwartet nicht, dass euch ein „Etwas“ rettet und erlöst, nein. Öffnet euch einfach dem Bewusstsein, dass ihr eingebettet seid in etwas Höheres, und wenn ihr mit euren Kräften und mit eurem Latein am Ende seid, ist da jemand, der weiterweiß und euch zur Seite steht. Ihr seid nicht alleine, außer ihr folgt der Idee, dass ihr allein sein müsst. Man hat euch traumatisiert, was das Vertrauen

„nach oben" angeht. Was auch kein Wunder ist, wenn da plötzlich jemand auftaucht und meint, „du könntest jetzt mal dein Kind opfern, und wenn du's nicht tust, gibt's Sanktionen". Wir empfehlen euch sehr, euch von diesem kollektiven Missbrauch zu reinigen. Es ist so, wie wenn jemand von seinen Eltern missbraucht wurde und dieser Mensch sich ein grundlegendes Urvertrauen wieder erarbeiten muss, um eine gute Lebensgrundlage zu haben. Ihr seid auf kollektiver Ebene missbraucht worden, und glaubt mir, es ist wirklich widerlich. Jedoch lassen sich die Systeme problemlos wiederherstellen, ihr müsst es einfach zulassen. Loslassen und zulassen. Bei dieser Übung mag erst das Gefühl der Schutzlosigkeit und des Ausgeliefertseins in euch aufsteigen. Das ist gut. Nehmt es an und schaut es an, diesen Punkt müsst ihr überwinden. Um die Erfahrung zu machen, dass euch jemand auffängt, wenn ihr fallt, müsst ihr euch trauen, euch fallen zu lassen. Sonst kann diese Erfahrung nie stattfinden. Es ist dies ganz fundamental. Eure Schwächen sind eure Stärken. Wenn ihr euch zwingt, immer wegzurennen, um nicht zu fallen, jagt ihr euch immer weiter in einen Teufelskreis.
Diese Übung ist wunderbar und tut allen gleichermaßen gut, ganz egal, auf welchem Level ihr euch befindet. Es spielt dies gar keine Rolle.

Nachtruhe

Eure Nachtruhe, meine Lieben, ist etwas ganz Fundamentales, und ihr solltet sie nicht ungeordnet antreten, weil ihr dann gar nicht so auf eure Kosten kommt, wie ihr das eigentlich solltet. Die Idee des Nachtgebets ist von daher eigentlich sehr gut, da es einen Übertritt markiert und man in einem Ritual seine „Weltlichkeit" abstreift. Nun, wie kann denn eine Art von „Ich geh' jetzt mal ins Bett"-Ritual aussehen? Also, auch hier gilt wie bei allen meinen Empfehlungen: Es sind stille Knöpfe, die ihr für euch ganz leicht und fein drücken könnt. Vor dem Einschlafen ist es einfach wichtig, die größten emotionalen Knoten, die der Tag übriggelassen hat, auszubürsten. Nehmt euch eine Auszeit von dem, was war. Zieht so, wie ihr eure Kleider auszieht, die Emotionen des Tages aus. Wenn ihr vor Freude nicht schlafen könnt, dann lasst es, wenn ihr es so wünscht. Aber solltet ihr euch dann doch entschließen, schlafen zu wollen, dann könnt ihr auch freudige Emotionen so ablegen. Stellt euch bildlich vor, dass ihr alle Emotionen, die euch zwacken, einfach abstreift wie einen Pulli oder so. Falls ihr dann noch wach seid, nachdem ihr dies gemacht habt, könntet ihr auch noch einen freundschaftlichen Gedanken an euren Körper aussenden. Dies dient auch der Ruhe und der Entspannung. Ihr seid dann einfach schon „vorgereinigt" und tretet entsprechend in eine geordnete Schicht der Astralebene ein, wenn ihr in den Schlaf fallt. Euer Schlaf fühlt sich dadurch leichter und erholsamer an. Probiert es für euch aus, und wahrscheinlich fallen euch selbst noch Dinge ein, von denen ihr spürt, dass sie euch entspannen.

Es ist auch möglich, dass ihr vor dem Schlafen noch vor dem Fernseher sitzt. Dies wird euch nicht umbringen, aber ich würde euch empfehlen, dann tatsächlich noch energetisch eine kleine Dusche zu nehmen, um wieder zu euch selbst zu finden. Denn der Fernseher berieselt euch in erster Linie mit Emotionen, welche eure Frequenz auf einer bestimmten Ebene halten wollen. Dabei sollten wir alle eigentlich leicht ins Bett steigen, wir fliegen ja dann kurz weg... (lacht).

Glossar

Alte Seele/ Junge Seele

Mit dem Seelenalter bezeichnen wir das Entwicklungsstadium einer Seele, also ob sie schon einen reichen Erfahrungsschatz mit sich herumträgt oder nicht. Es geht dabei nie um eine Wertung. Jede alte Seele war einmal eine junge Seele. Wichtig zu wissen ist, dass diejenigen Seelen, welche gegenwärtig als alt bezeichnet werden, meist solche sind, die schon vor dem Beginn ihrer Verkörperungsphase auf dem Planeten Erde mit viel Erfahrung von einem anderen Ort des Universums herkamen.

Hohes Selbst / Seelen-Ich / Seelenselbst

Jede Seele verfügt über ein absolutes Schwingungsvolumen, von dem sie für ihre Erdinkarnation, je nach Seelenalter, 40 bis 80 Prozent benötigt. „Alte Seelen“ müssen für eine Erdverkörperung anteilsmäßig weniger Energie ihres Gesamtvolumens investieren als junge Seelen. Der übrige Anteil der Seele verbleibt stets in der geistigen Welt und steuert wie überwacht, zusammen mit den Lehrern und Helfern der Seele, als Teil der „Mission Control“ unser Erdenleben. Man kann also sagen, dass ein höherer Aspekt von uns selbst mithilft, uns zu begleiten und zu leiten.

Plejaden

Die Plejaden sind eine extraterrestrische Kultur, welche von Anfang an maßgeblich am Konzept des Schulungsplaneten Erde mitgearbeitet hat. Im Gegensatz zur Erde kennzeichnet sich die plejadische Kultur dadurch aus, dass dort fein- sowie grobstoffliche Dimensionen in regem Kontakt und Austausch existieren. Man bewegt sich nicht nur auf dem Planeten, sondern auch durch den dimensionalen Raum nach oben und nach unten. Eine Vielzahl plejadischer Wesen wechseln ständig von einem feinen Körper aus reiner Schwingung in einen kompakteren, dem menschlichen Körper sehr stark ähnelnden, Leib. Viele alte Seelen auf der Erde sind plejadischer Herkunft. Die menschliche Zivilisation ist voll von plejadischem Erbe und von Zeugnissen plejadischer Interventionen zum Schutz und Erhalt der menschlichen Kultur. Das am Nachthimmel sichtbare Siebengestirn ist wirklich die Heimat der Plejaden. Der Zugang zu den bevölkerten Dimensionen ist aber über eure heutige Technologie nicht fassbar. Die stoffliche Dimension der Plejaden schwingt auf einer höheren Frequenz und ist eurem Auge nicht sichtbar, sehr wohl jedoch der außersinnlichen Wahrnehmung. Viele große Meister eurer Kunstgeschichte sind plejadische Seelen, da die Kunst die „Ur-Sprache" der Plejaden ist. Man könnte sagen, dass wir in eurer wahren Kunst die Geisteshaltung der Plejaden finden, sozusagen eine Postkarte von Zuhause.

Reptile

Bei den Reptilen handelt es sich ebenfalls um eine andere Kultur, welche seit dem Anbruch eurer jetzigen Epoche (also seit dem Ende von Atlantis) eure planetarische Entwicklung maßgeblich und gezielt gesteuert und beeinflusst hat – in ihrem Interesse. Sie gehören nicht zu den alten Hütern des Projektes Erde, sondern haben sich über einen gutbestellten Acker hergemacht und ernten alles, was sie bekommen können. Bestimmte von der Menschheit ausgelöste Vorfälle in der Endzeit von Atlantis haben eine Resonanz zu den Reptilen geöffnet, und über die Beschäftigung mit ihrem Einfluss (welcher den meisten von euch vollkommen unbewusst ist) könnt ihr ein altes Problem aus atlantischer Zeit auflösen. Ihr steht allerdings auch in Gefahr, von den Reptilen vollkommen ausgeblutet zu werden. Mythen und Märchen wie „Der Ring der Nibelungen“, „Star Wars“, „Lord of the Rings“ sowie der Anfang der christlichen Bibel spiegeln euch diese Inhalte. Die „kleinen Grauen“, diese Aliens, die sich in euer tägliches Leben eingeschlichen haben – dargestellt in der Werbung und in Spielfilmen – sind Spielfiguren der Reptilen, die von ihnen erfunden worden sind. Sie verfügen nicht über ein Bewusstsein, sondern entsprechen den Kriegern des Imperiums in „Star Wars“ oder den Orks in „Lord oft the Rings“. Sie sollen außerdem von den wirklichen Reptilen ablenken, welche ihr Gesicht nicht gerne zeigen (auch hier eine sehr exakte und genaue Analogie zu Darth Vader aus „Star Wars“). Die Reptilen entwickeln sich seit langer Zeit in einer Sackgasse, und sie leiden unter immensen körperlichen Schwierigkeiten wie Unfruchtbarkeit, welche ihre gesamte Zivilisation auszulöschen droht. So wie die Erde dabei ist, in eine nächsthöhere Dimension aufzusteigen, so droht ihre Kultur in eine niedere astrale Schicht einzutauchen, respektive von ihr verschlungen zu werden, gleich einem Gespenst, das sich weigert, bestimmte alte Verfehlungen anzuschauen und aus seinem alten Handeln zu lernen. Sie sind eine Tragödie. Haltet euch fern von ihnen.

Atlantis

Die Erdepoche von Atlantis ist eine unvorstellbare Blüte für euch. Könnte man euch einen Blick hinein gewähren, so wärt ihr absolut sicher, einen Blick in die Zukunft oder auf einen anderen Planeten zu werfen. Viele Dinge waren einfach in Atlantis, die Spielregeln für euch gemäßigter und simpler: wenig Widerstand und Verwirrung, alles Blüte und Fülle. Jedoch ging dann doch etwas schief. Es war so, dass euch ein wichtiger Fehler unterlaufen ist, den zu machen, für eure Zukunft wohl unerlässlich und nötig war, da noch nicht so viel auf dem Spiel stand wie jetzt. Denn je höher ihr mit dem Planeten klimmt, desto tiefer kann der Fall sein. Viele von euch tragen eine große Sehnsucht nach dem alten Atlantis in sich, da sie dort große Erfüllung und tiefes Glück erlebten. Viele eurer heutigen Themen – im Persönlichen wie im Allgemeinen – stehen in einer sehr direkten Verbindung und Resonanz zur atlantischen Zeit. Der Planet war damals auch bereits vollkommen stofflich, aber noch eine kleines bisschen leichter als heute. Und wenn ich euch in eurer jetzigen Form nach Atlantis beamen würde, würde euch alles etwas verschwommen und verschoben erscheinen. Ihr würdet die Dinge wie feine Schleier wahrnehmen. Atlantis war hochzivilisiert und technologisiert, denkt nicht, eure Technologie wäre etwas Neues. Viele Erfindungen sind Erinnerungen. Das Anheben des Gitternetzes um die Erde gegen das Ende des 19. Jahrhunderts hat das Einfließen von sehr viel altem atlantischen Wissen wieder möglich gemacht. Eure atlantische Vergangenheit wird euch im Außen gespiegelt, damit ihr die Themen aufarbeiten könnt, welche für den sicheren Aufstieg nötig sind.

Aufgestiegene Meister

Ein Aufgestiegener Meister ist eine Seele, welche ihre Erdinkarnationen absolviert hat und nun frei ist, ihren weiteren Weg im Universum anzugehen. Das Erd-Spiel ist wirklich verrückt! Ihr habt euch auf ein Abenteuer eingelassen, das ihr nicht einfach abbrechen könnt, wenn ihr keine Lust mehr habt. Eure Seele ist eine Verpflichtung eingegangen, einen Vertrag mit sich selbst. Und wenn euer menschliches Ich manchmal die Nase gestrichen voll hat, so seid ihr doch als Seele mit Begeisterung und Überzeugung dabei. Einige von euch hatten in den letzten 500 Jahren die Möglichkeit, sich vom Planeten zurückzuziehen und die menschliche Erfahrung hinter sich zu lassen. Und doch sind sie freiwillig wieder hergekommen, um eine Zusatzerfahrung zu machen. Sie wollen die Möglichkeiten zur

Verfeinerung der Seele bis ins Letzte ausreizen und auskosten und bestimmte Wesen aus ihrer Seelengruppe noch weiter begleiten und unterstützen. Gerade eine Seele, welche die Meisterstufe bereits erreicht hat, kann aus weiteren Erdverkörperungen großen Nutzen ziehen für ihren zukünftigen Weg. Oft gehen diese Seelen in eine Heilarbeit und überarbeiten sich auf diese Weise selbst noch weiter, um noch feiner gestimmt zu sein für den späteren Weg in höheren Dimensionen. Die aufgestiegenen Meister begleiten die Menschheit besonders seit 150 Jahren. Und ihre Zahl wächst stetig an. Sie sind quasi eure Joker, die für und mit euch von oben am Seil ziehen. Sie sind besonders gut geeignet, euch Mittler zu sein zur geistigen Welt, da sie eure Erderfahrung kennen, aber auch bereits in einem direkten Kontakt zu den höheren Hierarchien stehen.

Kosmischer Rat

Der Kosmische Rat umfasst diejenigen Wesen, welche sich in Liebe und in Hingabe um den Schulungsplaneten Erde kümmern, die an seiner Planung und Projektierung beteiligt waren und seit jeher seine Entwicklung überwacht und begleitet haben. Er besteht aus Wesen aus höheren Hierarchien (Engel, Erzengel, Gottheiten) sowie aus einer großen Anzahl von Vertretern unterschiedlichster kosmischer Völker und Rassen.

Weißes Licht

Die Bewusstseinsebene des weißen Lichtes umfasst eine große Anzahl von Wesenheiten, die im Rahmen der Entwicklung ihrer Seele eine hohe Geistigkeit und Macht erlangt haben, die damit einhergehende bedingungslose Liebesfähigkeit jedoch noch nicht. Sie spielen daher ihre Macht teilweise ungehemmt aus (erinnert euch, sie dürfen dies, weil dies ein Universum des freien Willens ist!) und neigen dazu, zu manipulieren und nicht einem höheren Bewusstsein zu folgen. Man könnte sagen, dass sie sehr egoistisch denken und handeln. Und genau daraus resultiert eine Resonanz zwischen ihnen und diesem Planeten hier: Ihr seid hier, um über euer Ego herauszufinden, wer ihr seid und wo ihr hingehört.

Goldenes Licht

Die Bewusstseinseben des goldenen Lichtes umfasst Wesen unterschiedlichster Herkunft, die sich darin finden, dass sie im Laufe ihres Weges eine Bewusstseinsstufe erlangt haben, auf der sie einsehen, dass sie sich nur weiterentwickeln können, wenn sie anderen Wesen beistehen, ohne sie zu manipulieren, also ohne deren freien Willen einzuschränken. Ab einer bestimmten Stufe ist jedes Wesen Teil des goldenen Lichtes. Es gibt jedoch auch solche, welche bereits auf relativ „niederen" Stufen Zugang zum goldenen Licht erlangt haben. Das goldene Licht ist die Ebene der bedingungslosen Liebe, und darin verbinden sich alle ihr angehörenden Wesenheiten. Die Zugehörigkeit zum goldenen Licht ist eine Frage des Bewusstseins, jeder kann sich dieser Ebene – egal, wo und wer er ist – direkt über sein Herz anschließen. In diesem sogenannten „kosmischen Herz“ besteht ein gemeinsames Organ, über welches eine Energie transportiert wird, die lehrt und heilt.

Radio Equon – Die Playlist

Joni Mitchell *You turn me on (I'm a Radio)*
(Joni Mitchell)
„For the Roses" Asylum Records 1972

Cher *Different Kind of Lovesong*
(Aberg, Lewis, Rosnes)
Aus dem Album „Living Proof" Warner Bros. WEA 2001

Duran Duran *Planet Earth*
(Rhodes, LeBon, Taylor, Taylor, Taylor)
Aus dem Album „Duran Duran" EMI/Capitol 1981

Culture Club *Time*
(George, Hay, Craig, Moss)
Aus dem Album „Kissing to be Clever" Virgin 1982

Olivia Newton-John *Physical*
(Kipner, Shaddick)
Aus den Album „Physical" MCA 1981

Joni Mitchell *The Circle Game*
(Mitchell)
Aus dem Album „Ladies of the Canyon" Reprise 1970

Frank Sinatra *Come fly with me*
(Van Heusen, Cahn)
Aus dem Album „Come fly with me" Capitol 1958

Joni Mitchell *Ladies of the Canyon*
(Mitchell)
Aus dem Album „Ladies of the Canyon" Reprise 1970

Carole King *Carry your Load*
(King)
Aus dem Album „Music" Ode/A&M 1971

Joni Mitchell *Woodstock*
(Mitchell)
Aus dem Album „Ladies of the Canyon" Reprise 1970

Lady Gaga *Monster*
(Germanotta, Dresti, Kayat)
Aus dem Album „The Fame Monster" Interscope 2009

Kate Bush *Moments of Pleasure*
(Bush)
Aus dem Album „The Red Shoes" EMI 1993

Britney Spears *Till the world ends*
(Martin, Kronlund, Gottwald, Sebert)
Aus dem Album „Femme Fatale" Jive 2011

Cher *Love is the Groove*
(Cook, Woolley)
Aus dem Album „Believe“ Warner Bros/WEA 1998

Howard Jones *Hide and seek*
(Jones)
Aus dem Album „Human's Lib“ WEA/Elektra 1984

Prince & The Revolution *Let's go crazy*
(Prince)
Aus dem Album „Purple Rain“ Warner Bros 1984

Madonna *The power of good-bye*
(Madonna, Novels)
Aus dem Album „Ray of light“
Maverick/Warner Bros 1998

Carole King *Tapestry*
(King)
Aus dem Album „Tapestry“ Ode Records 1971

Rosenstolz *Die Suche geht weiter*
(Plate, Sommer)
Aus dem Album „Die Suche geht weiter“
Universal/Island 2008

bitte umblättern...

Bücher, die uns in die Neue Zeit begleiten

Von Herz zu Herz auf der Neuen Erde
ISBN 978-3-89568-226-1

In die Neue Zeit – Liebe in Bewegung
ISBN 978-3-89568-228-5

Die Intergalaktische Friedensmission 2012 – Bd. 1 & 2
ISBN 978-3-89568-222-3 & 978-3-89568-229-2

Atlantis – Geschichte, Absicht und Auswirkung auf die menschliche Rasse
ISBN 978-3-89568-227-8

Die Seele in den Meisterjahren
ISBN 978-3-89568-127-1

Die Weisheit des Saturn
ISBN 978-3-89568-235-3

2012 und danach
ISBN 978-3-89568-211-7

Die Gesellschaft 2015
ISBN 978-3-89568-216-2

Greift nach den Sternen!
Die Worte des P'taah zum Aufstieg 2012
ISBN 978-3-89568-230-8

Was Ihr wissen solltet! – Aktuelles zum Aufstieg
ISBN 978-3-89568-233-9

ch. falk-verlag